W0072250

Fröhliche Weihnacht überall

Geschichten, Gedichte, Lieder
und Bastelideen
für die Adventszeit

© 2012 SchneiderBuch
verlegt durch EGMONT Verlagsgesellschaften mbH,
Gertrudenstraße 30-36, 50667 Köln
Alle Rechte vorbehalten
Titelbild: Marina Rachner
Umschlaggestaltung: Hohl & Wolf, Hainburg
Satz: Achim Münster, Köln
Printed in the EU (670421)
ISBN 978-3-505-13130-1

Die EGMONT Verlagsgesellschaften gehören als Teil der EGMONT-Gruppe
zur **EGMONT Foundation** – einer gemeinnützigen Stiftung,
deren Ziel es ist, die sozialen, kulturellen und gesundheitlichen Lebensumstände
von Kindern und Jugendlichen zu verbessern.

Weitere ausführliche Informationen zur EGMONT Foundation unter
www.egmont.com.

O schöne, herrliche Weihnachtszeit,
Was bringst du Lust und Fröhlichkeit!

Was gibt es Schöneres als die Zeit vor Weihnachten? Von Tag zu Tag steigt die Vorfreude auf das bevorstehende Fest. Geschenke werden besorgt oder gebastelt, Bleche voller Plätzchen wandern in den Backofen, das Festmahl wird geplant und vorbereitet, Karten und Briefe müssen geschrieben und in die ganze Welt verschickt werden. Doch bei all dem emsigen Treiben ist der Advent auch eine Zeit, in der die ganze Familie gemütlich beisammensitzt.

Für diese gemeinsamen Stunden ist dieses Buch gedacht. Mit Gedichten und Geschichten zum Lesen und Vorlesen, Liedern zum Singen und vielen Sachtexten, in denen man zum Beispiel erfährt, wie in anderen Ländern Weihnachten gefeiert wird. Dazu gibt es kinderleichte Bastelideen für Weihnachtsschmuck und kleine Geschenke.

Eine wunderschöne Adventszeit
und frohe Weihnachten!

Kapitel 1

Bald ist Weihnacht,
wie freu ich mich drauf!
Da putzt uns die Mutter
ein Bäumlein schön auf.
Es glänzen die Äpfel,
es funkeln die Stern'.
Wie hab'n wir doch alle
das Weihnachtsfest gern!

Nun wandelt auf verschneiten Wegen

Nun wandelt auf verschneiten Wegen
die Friedensbotschaft durch die Welt;
aus Ewigkeit ein lichter Segen
in das Gewühl des Tages fällt.
Schon blinkt die Nacht, die Glocken schwingen,
und willig macht die Menschheit halt;
das wilde Drängen, Hasten, Ringen
entschläft; der wüste Lärm verschallt.

Ein Opferduft aus Tannenzweigen,
ein Wunderbaum mit Sternenpracht,
und um den Baum ein Jubelreigen –
das ist das Fest, von Gott gemacht.
O holder Traum, lass dich genießen:
dass alles glücklich, gut und fromm!
Dann mag die Seligkeit zerfließen,
der alte Kampfplatz winken: Komm!

Victor Blüthgen

Leise rieselt der Schnee

Leise rieselt der Schnee,
still und starr liegt der See,
weihnachtlich glänzet der Wald,
freue dich, 's Christkind kommt bald!

In den Herzen ist's warm,
still schweigt Kummer und Harm,
Sorge des Lebens verhallt,
freue dich, 's Christkind kommt bald!

Bald ist heilige Nacht,
Chor der Engel erwacht;
horch nur, wie lieblich es schallt,
freue dich, 's Christkind kommt bald!

9

Der Barbaratag

Am 4. Dezember ist Barbaratag.

Er ist der heiligen Barbara von Nikomedien gewidmet, die im 3. Jahrhundert nach Christus lebte. Als sie als junges Mädchen den christlichen Glauben für sich entdeckte, zog sie den Zorn ihres Vaters auf sich. Er sperrte sie in einen hohen Turm und wollte sie erst wieder herauslassen, wenn sie ihrem Glauben und ihrer Liebe zu Gott abgeschworen hatte.

Doch Barbara dachte nicht daran. Stattdessen schaffte sie es, durch Standhaftigkeit, Klugheit und Mut zu entkommen. Als ihr Vater ihre Flucht bemerkte, wurde er noch wütender und hetzte ihr mit seinen Verfolgern nach. Plötzlich öffnete sich vor ihr ein Felsen, und sie konnte sich in einem Spalt vor ihren Verfolgern verstecken. Aufgrund dieser Begebenheit ist die heilige Barbara Schutzheilige der Bergleute.

Doch leider wurde das Versteck doch noch entdeckt und Barbara von ihrem eigenen Vater getötet. Zur Strafe wurde dieser vom Blitz getroffen und starb an Ort und Stelle. Da Blitz und Donner auf Barbaras Seite stehen, wurde sie zur Schutzheiligen vor Gewitter.

Sie ist auch Schutzpatronin für fast alle Berufsgruppen, die etwas mit Türmen, Blitz und Feuer zu tun haben, zum Beispiel Turmwächter, Feuerwehrleute, Glöckner und Baumeister.

Doch was die heilige Barbara mit der Weihnachtszeit zu tun hat, das soll nun erzählt werden: Der bekannteste Brauch rund um diese Heilige sind die Barbarazweige, die in manchen Regionen auch Barbarabäume heißen. Bei diesem Brauch werden am Barbaratag Obstzweige abgeschnitten – oftmals nach bestimmten Regeln, zum Beispiel darf man sie nur mit einem Hemd bekleidet schneiden. Diese Zweige stellt man dann in lauwarmes Wasser an einen warmen Ort. Blühen die Zweige an Weihnachten, so ist dem nächsten Jahr Glück beschieden. Wenn Verliebte beim Abschneiden des Zweiges aneinander denken und der Zweig an Weihnachten blüht, so blüht auch die Liebe im kommenden Jahr, und vielleicht läuten sogar die Hochzeitsglocken.

Im Barbarabrauch vermischen sich somit Orakelglaube und christlicher Glaube, denn natürlich sollen die blühenden Zweige zu Weihnachten auch die Geburt Jesu symbolisieren.

Sophie Reinheimer

Nikolause

Es war Nikolausabend-Tag, und soeben hatte der Bäcker ein großes Kuchenblech voll frisch gebackener Nikolause aus dem Ofen gezogen.

Die Augen standen ihnen – dass Gott erbarm! – so dick wie Froschaugen aus dem Kopfe heraus. Eine Nase hatte der Bäcker überhaupt für überflüssig gehalten – auch Ohren. Der Mund aber saß dem einen rechts, dem andern links und hatte eine verzweifelte Ähnlichkeit mit den Westenknöpfen.

Von den Armen und Beinen gar nicht zu reden! Was kümmerten die den Bäcker? Er hatte ja alle seine vier Glieder – und nicht zu knapp! Die Nikolause, die würde er auf alle Fälle verkaufen, ob sie nun wulstige oder spindeldürre Arme, gerade Beine oder nur zwei zugespitzte Klumpen hatten.

Zuerst waren nun die frisch Gebackenen da eine Weile still. Sie mussten sich die Welt ringsum doch erst ein wenig ansehn. Da merkten die, die das Glück hatten, geradeaus sehn zu können, dass die Decke der Backstube lachte.

„Warum lachen Chie?", fragte einer, der einen bedauerlich schiefen Mund bekommen hatte.

„Ach", entschuldigte sich die Decke, „ich wunderte mich nur darüber, dass der Bäcker es in keinem Jahr fertigbringt, tadellose Nikolause zu backen."

„Tadelloch – wach choll dach heichen?", fragte der Nikolaus und rollte seine schwarzen Korinthenaugen.

Nun mischten sich auch die andern ein. „Ja – wollen Sie uns bitte eine Erklärung geben, was Sie mit dem Worte ‚tadellos' gemeint haben?"

„Ach – ich meinte ja nur so – so – na ja: eben so, wie sich's gehört. Arme und Beine hübsch regelmäßig geformt, der Mund in der Mitte und auch die Augen auf ihrem richtigen Platz. Aber es ist noch nie vorgekommen, dass der Bäcker solche Männer zustande gebracht hat. Der heilige Nikolaus wird sich bedanken für seine gebackenen Fotografien!"

Inzwischen hatte der Bäckermeister sich darangemacht, ein zweites Blech mit Teigmännern zu belegen. Sie fielen nicht besser aus. Im Gegenteil! Es war haarsträubend, was der Bäcker sich in seiner Schöpferlaune leistete! Klebten zwei Korinthen zusammen – „Da: hast de zwei Münder."

„Es ist empörend!", rief der Tisch. „Ein Doppelmund! Aber der wäre dem schwatzhaften Bäcker selber sicher sehr angenehm. Dass ihm doch der heilige Nikolaus den eigenen Kopf so tief zwischen die Schultern steckte!"

„Ja – und ihn recht kräftig an den Ohren zwickte", grollte der Stuhl. „Dann würde er sich seiner Hörorgane vielleicht erinnern."

Am hitzigsten war aber der Backofen. „Die Augen sollte man ihm auskratzen und sie ihm hüben und drüben auf die Backen kleistern", schrie er wütend. „Ein Skandal ist es! Und schließlich bleibt ja doch alles an mir hängen."

Nun kam die Frau Bäckermeisterin mit einem Körbchen, stellt die Nikolause hinein und trug sie in das Schaufenster des Lädchens.

„Aah – aah – aah", kam es von allen Seiten, „die Herren Nikolause!" Gleich kam auch ein Trupp Schulbuben die Straße daher, drückte sich die Nase an den Scheiben platt, rief: „Nikkelees! Nikkelees!", und verschlang mit den Augen das ganze Körbchen.

Die Männer aus dem feurigen Ofen mussten durchaus den Eindruck gewinnen, als werde ihnen hier unverhohlene, ja begeisterte Bewunderung zuteil.

Einer von ihnen, dem die Augen ungefähr in gleicher Höhe mit dem Munde saßen, dessen

14

obere Kopfhälfte aber dafür außerordentlich viel Platz zum Denken ließ, philosophierte: „Der Geschmack und die Ansichten dieser Welt scheinen sehr geteilt zu sein. Was von dem einen verlacht wird, wird von den andern bewundert."

Mit dieser Erkenntnis suchten seine Kameraden – je nach Veranlagung (das heißt: je nachdem man ihnen die Korinthen in den Kopf gedrückt und dadurch ihren Gesichtern Ausdruck verliehen hatte) – fertig zu werden. Die einen mit Humor, die andern mit Pessimismus, die dritten mit dem Grundsatz der allgemeinen Wurschtigkeit.

„Was aber mag der eigentliche Zweck des Lebens – des Lebens eines Nikolauses – sein?", grübelte der mit der Denkerstirne weiter.

Er brauchte nicht lange auf die Antwort zu warten. Die Ladentür klingelte, und herein trat eine Frau in Schürze, Pantoffeln und Kopftuch. „Gewwe Se mer mal sechs Stick von dene Nikkeleese", sagte sie zur Bäckermeisterin. „Mer muss doch merke, dass heit Nikkeleesabend is. Awwer von dene große – zu zehn Pfennig."

„Aha!", dachte der Philosoph aus Kuchenteig. „Die Dinge des Lebens werden also verschieden bewertet. Je nach Größe und Umfang – sehr vernünftig!"

Er verschwand mit fünf Kollegen in einer Tüte. „Zu Hause" wurde er ausgepackt.

„Wie groß ist doch die Welt! Nicht nur einen Geburtsort und einen Kaufladen – nein: auch noch eine Straße und ein ‚Zuhause' gibt es darin", dachte er begeistert.

Nun verbreitete sich in der Stube ein würziger Duft; Tassen wurden auf den Tisch gestellt und in jede derselben ein Nikolaus hineingesteckt. Recht stattlich nahm er sich doch aus, dieser Kreis von wackeren Kumpanen! Herzerquickend war denn auch die Freude der Kinderschar.

Unser Held wollte gerade ausrufen: „Kameraden – o Gott –, das Leben ist doch schön!", da verzogen sich seine drei Münder – oder seine drei Augen, wie man's nehmen will –, und er spürte einen Riss in seiner Kopfhaut. „Ach nein – kurz scheint's zu sein", konnte er merkwürdigerweise doch noch denken. „Und der Hunger scheint mächtiger zu sein als die Liebe."

Hierin hatte er nicht unbedingt recht – glücklicherweise. Denn wenn auch seine fünf Genossen geköpft, geviertelt oder sonst wie misshandelt und dann auf kannibalische Weise verspeist wurden – er kam mit einer leichten Verletzung davon.

„Ich will mein Nikkelees doch liewer erst mal dem werkliche Nikkelees heit Abend zeige", sagte seine kleine Besitzerin liebevoll.

„Tu des – tu des nur, mei Herzche", nickte die Mutter.

Also ward dem Glücklichen noch eine Galgenfrist beschert. Er benutzte sie natürlich sofort wieder zum Philosophieren. „Nur die Gedanken scheinen ewig", meinte er.

Nun: Der Abend kam, und der wirkliche Nikolaus kam. Er betrachtete sein Kuchen-Konterfei lange und prüfend; und schüttelte dann sein ehrwürdiges Haupt.

Plötzlich aber hellte sich die Miene des wirklichen Nikolaus auf. „Ich armer Nikolaus, soll ich schon klagen", rief er aus. „Du lieber Gott – was musst du erst alles an deinen Ebenbildern erleben!"

Adventskalender aus Streichholzschachteln

Material
24 Streichholzschachteln
buntes Papier
roter Filz
Schere, Stift und Klebstoff

1. Aus dem bunten Papier 24 Rechtecke ausschneiden (1 x 2,5 cm).
2. Auf die Rechtecke die Zahlen 1 bis 24 schreiben.
3. Auf jede Schachtellade ein Papierstück kleben.
4. Aus den Streichholzschachteln einen Turm bauen. Das geht so: 5 Schachteln mit der Zahl nach vorne nebeneinanderlegen.
   Darauf 5 weitere Schachteln setzen. Darauf kommen 2 x 4 Schachteln, dann 3, dann 2 und schließlich 1 Schachtel.
5. Die Schachteln aneinander festkleben.
6. Über die Schachteln wie ein Dach einen Streifen Filz kleben.
7. Nun kann man den Adventskalender z. B. mit kleinen Süßigkeiten füllen.

Kapitel 2

Nikolaus, du guter Mann ...
Du musst dich sicher plagen,
den schweren Sack zu tragen.
Drum, lieber Nikolaus,
pack ihn doch einfach aus.

Knecht Ruprecht

Von drauß' vom Walde komm ich her,
Ich muss euch sagen, es weihnachtet sehr!
Allüberall auf den Tannenspitzen
Sah ich goldene Lichtlein sitzen.
Und droben aus dem Himmelstor
Sah mit großen Augen das Christkind hervor.
Und wie ich so strolcht' durch den finstern Tann,
Da rief's mich mit heller Stimme an:
„Knecht Ruprecht", rief es, „alter Gesell,
Hebe die Beine und spute dich schnell!
Die Kerzen fangen zu brennen an,
Das Himmelstor ist auf getan,
Alt' und Junge sollen nun
Von der Jagd des Lebens einmal ruhn;
Und morgen flieg ich hinab zur Erden,
Denn es soll wieder Weihnachten werden!"
Ich sprach: „O lieber Herre Christ,
Meine Reise fast zu Ende ist;
Ich soll nur noch in diese Stadt,
Wo's eitel brave Kinder hat."
– „Hast denn das Säcklein auch bei dir?"
Ich sprach: „Das Säcklein, das ist hier;
Denn Äpfel, Nuss und Mandelkern
Essen fromme Kinder gern!"

– „Hast denn die Rute auch bei dir?"
Ich sprach: „Die Rute, die ist hier!
Doch für die Kinder nur, die schlechten,
Die trifft sie auf den Teil, den rechten!"
Christkindlein sprach: „So ist es recht,
So geh mit Gott mein treuer Knecht!"
Von drauß' vom Walde komm ich her;
Ich muss euch sagen, es weihnachtet sehr!
Nun sprecht, wie ich's hierinnen find?
Sind's gute Kind', sind's böse Kind?

Theodor Storm

Lasst uns froh und munter sein

Lasst uns froh und munter sein
und uns in dem Herren freun!
Lustig, lustig, trallerallera,
bald ist Nikolausabend da,
bald ist Nikolausabend da.

Bald ist unsre Schule aus,
dann ziehn wir vergnügt nach Haus.
Lustig, lustig, trallerallera,
bald ist Nikolausabend da,
bald ist Nikolausabend da.

Dann stell ich den Teller auf,
Niklaus legt gewiss was drauf.
Lustig, lustig, trallerallera,
bald ist Nikolausabend da,
bald ist Nikolausabend da.

Steht der Teller auf dem Tisch,
sing ich nochmals froh und frisch:
Lustig, lustig, trallerallera,
bald ist Nikolausabend da,
bald ist Nikolausabend da.

Wenn ich schlaf, dann träume ich:
Jetzt bringt Niklaus was für mich.
Lustig, lustig, trallerallera,
bald ist Nikolausabend da,
bald ist Nikolausabend da.

Wenn ich aufgestanden bin,
lauf ich schnell zum Teller hin.
Lustig, lustig, trallerallera,
bald ist Nikolausabend da,
bald ist Nikolausabend da.

Niklaus ist ein braver Mann,
den man nicht g'nug loben kann.
Lustig, lustig, trallerallera,
bald ist Nikolausabend da,
bald ist Nikolausabend da.

Der Nikolaus

In vielen Familien klopft es am 6. Dezember an die Tür, und von draußen aus der Kälte kommt Nikolaus herein – oft in Begleitung seines Knechts Ruprecht. Nikolaus verteilt an die Kinder Geschenke, ermahnt sie aber auch, wenn es Grund zu Unmut gibt. Immer trägt er einen hohen Hut und einen roten Mantel – die Kleidung eines Bischofs. Und tatsächlich: Nikolaus von Myra, so sein vollständiger Name, lebte als Bischof im 3. und 4. Jahrhundert in der Hafenstadt Myra. Damals gehörte Myra noch zum Römischen Reich, heute liegt es in der Türkei.

Aber wie lebte Nikolaus eigentlich? Sehr viel weiß man nicht über ihn, aber zahlreiche Legenden schmücken die Überlieferungen rund um sein Leben. Fest steht, dass er als Sohn einer reichen und gläubigen Familie geboren wurde. Im Alter von 19 Jahren wurde er von einem Onkel zum Priester geweiht. Als seine Eltern starben und er das Vermögen erbte, verteilte er es unter den Armen und Notleidenden. Später wurde er zum Bischof berufen, und zwar aufgrund einer wundersamen Begebenheit: Als der alte Bischof der Stadt Myra starb, versammelten sich die Bischöfe des Landes, um seinen Nachfolger zu wählen. Einer von ihnen hörte in der Nacht vor der Wahl die Stimme Gottes. Sie sprach zu ihm, dass derjenige neuer Bischof werden solle, der am nächsten Morgen als Erster in die Kirche tritt. Der Bischof erzählte dies den anderen, und als Nikolaus am nächsten Morgen die Kirchentür öffnete, wurde er nach seinem Namen gefragt und noch am selben Tag zum neuen Bischof von Myra gewählt.

Und wie kommt es, dass der heilige Nikolaus der Schutzpatron der Kinder ist? Das ist eine schöne Geschichte: Zu seiner Zeit als Bischof von Myra herrschte in der Stadt eine große Hungersnot. Doch mit Korn beladene Schiffe waren auf dem Weg, um die Bewohner zu retten. Kurz vor dem Hafen stellten sich Piraten den Schiffen in den Weg. Sie wollten entweder das Getreide oder die Schiffe nur im Austausch mit den Kindern der Stadt Myra passieren lassen. Diese wollten sie als Sklaven verkaufen. Gerade als die Piraten die Kinder an sich reißen wollten, rief Nikolaus mit lauter Stimme: „Lasst die Kinder frei! Ihr bekommt alle Reichtümer meiner Kirche!" Er brachte den Piraten kostbare Leuchter, goldene Kreuze und mit Juwelen besetzte Kelche – und sie ließen dafür die Kinder frei und die Schiffe passieren.

Victor Blüthgen

Das vertauschte Weihnachtskind

Klein-Elsbeth war fünf Jahre alt und hatte es recht
gut auf der Welt, denn erstens brauchte sie noch
nicht in die Schule zu gehen, zweitens hatte sie in
der schönen, großen Wohnung der Eltern ein
eigenes Zimmerchen für sich, das voll niedlicher
Möbel war, darunter ein Schrank ganz voll Spielsachen, und drittens hatte sie immer Unterhal-
tung, nämlich ein Fräulein, das immer bei ihr war
und sich mit ihr beschäftigte, weil Papa meistens
im Geschäft war und Mama viel schlafen und
Besuche machen musste. Wenn aber recht schönes
Wetter war, durfte der Kutscher aufspannen, und
dann fuhr sie mit Fräulein spazieren.

Na, der Kutscher! Den mochte sie zu gern. Der
war immer so spaßig, und wenn er Besorgungen
gemacht hatte, brachte er ihr immer was zu
naschen mit.

Ihr einziger Kummer war, dass sie kein Brüderchen hatte, so eine richtige lebendige Puppe. Im
ganzen Haus war sie das einzige Kind, auch Doktor Krauses im oberen Stock, die noch nicht lange
eingezogen waren, hatten keine Kinder. Aber lieb

26

war die Frau Doktor, Elsbethchen durfte manchmal zu ihr hinaufgehen mit Fräulein, und dann spielte die Frau Doktor ganz richtig mit ihr, als wenn sie auch ein kleines Mädchen wäre.

Weihnachten kam heran, und eines Abends erschien – rate mal wer? Der Knecht Ruprecht.

Fräulein hatte schon vorher gesagt: „Wo nur der Knecht Ruprecht bleibt? Kommen wird er sicher. Wir müssen uns nur überlegen, was wir uns zu Weihnachten wünschen, damit wir ihm das sagen können." Das war nun eine wichtige Sache. Es war denn auch eine ganze Liste zusammengekommen, Fräulein hatte alles aufgeschrieben, und Elsbeth hatte ihren Namen und die Straße und Hausnummer drunterschreiben müssen, Fräulein hatte ihr die Hand geführt.

Und nun stapfte es vor der Tür, gerade als Fräulein das Märchen vom ehrlichen Laubfrosch erzählte, und die Tür ging auf, und herein kamen Äpfel, Nüsse und Bonbons, und hinterher der Ruprecht. Er brummte wie ein Bär durch seinen weißen Bart und sprach beinahe so wie Heinrich, der Kutscher, Elsbeth musste beten, und dann sollte sie sich etwas zu Weihnachten wünschen. Da holte Fräulein den Zettel für Elsbeth und auch ihren eigenen, und der Ruprecht ging damit ab.

Elsbeth war ja nun sehr befriedigt, und Fräulein half mit auflesen; auf einmal aber schrie Elsbeth: „Fräulein, Fräulein!"

„Was denn?"

„Ich habe was vergessen."

„Was hast du denn vergessen?"

„Ich will ja ein kleines Brüderchen haben, das ist die allergrößte Hauptsache. Hole doch den Ruprecht noch einmal!"

„Schade, der ist aber schon weit fort. Weißt du was? Wir schreiben an ihn. Die Post weiß gewiss seine Adresse; er wird wohl mehr Briefe bekommen."

Das war ein Trost. Fräulein nahm Papier und Feder, und Elsbeth musste diktieren.

„Lieber Knecht Ruprecht! Entschuldigen Sie, wenn ich störe" – so sagte nämlich Fräulein immer zur Mama – „ich wünsche mir am allermeisten ein kleines Brüderchen, bitte, bitte! Es grüßt Sie Ihre Elsbeth."

„Die Adresse schreibe ich dazu", sagte Fräulein, „und die auf das Kuvert auch."

„Die Marke darf ich lecken, nicht?"

„Für den Ruprecht braucht's keine."

Aber Elsbeth wollte lieber sichergehen und ließ nicht nach, bis eine Marke aufgeklebt war; und

nachher war sie sehr energisch dagegen, dass
Minna, das Stubenmädchen, den Brief in den
Briefkasten trug, Fräulein musste mit ihr über die
Straße gehen und sie heben, sodass sie den Brief
selber einstecken konnte.

Fräulein lachte heimlich. Der Briefkasten
gehörte nämlich nicht der Post, sondern einem
großen Kohlengeschäft. Die Leute würden sich
dort schön wundern!

Darauf gingen die beiden wieder Äpfel, Nüsse
und Bonbons zusammenlesen.

Der Tag zu Heiligabend war gekommen und
Klein-Elsbeth in wahrem Fieber vor Erwartung.
Das Brüderchen musste doch sicher kommen; bis
jetzt hatte der Weihnachtsmann immer alles
gebracht, was sie sich gewünscht hatte. Wenn
bloß der Brief richtig angekommen war!

Weihnachtsbaumkette

Material
Bastelfolie oder Bastelpapier
Schere
Klebstoff

1. Von der Bastelfolie oder dem Bastelpapier
   einen 10 cm breiten Streifen abschneiden.
   Aus diesem Streifen wiederum viele 1 cm breite
   Streifen schneiden.
2. Den ersten Streifen an den Enden zu einem
   Ring zusammenkleben. Den nächsten Streifen
   durch den Ring führen und wieder die Enden
   zusammenkleben. So geht es immer weiter.
   Je länger die Kette ist, umso schöner sieht sie
   am Weihnachtsbaum aus!

Kapitel 3

Der Seufzer

Ein Seufzer lief Schlittschuh auf nächtlichem Eis
Und träumte von Liebe und Freude.
Es war an dem Stadtwall, und schneeweiß
Glänzten die Stadtwallgebäude.

Der Seufzer dacht an ein Maidelein
Und blieb erglühend stehen.
Da schmolz die Eisbahn unter ihm ein –
Und er sank – und ward nimmer gesehen.

Christian Morgenstern

Es gibt so wunderweiße Nächte

Es gibt so wunderweiße Nächte,
drin alle Dinge Silber sind.
Da schimmert mancher Stern so lind,
als ob er fromme Hirten brächte
zu einem neuen Jesuskind.

Weit wie mit dichtem Demantstaube
bestreut, erscheinen Flur und Flut,
und in die Herzen, traumgemut,
steigt ein kapellenloser Glaube,
der leise seine Wunder tut.

Rainer Maria Rilke

Schneeflöckchen, Weißröckchen

Schneeflöckchen, Weißröckchen,
wann kommst du geschneit?
Du kommst aus den Wolken,
dein Weg ist so weit.

Komm setz dich ans Fenster,
du lieblicher Stern,
malst Blumen und Blätter,
wir haben dich gern.

Schneeflöckchen, du deckst uns
die Blümelein zu,
dann schlafen sie sicher
in himmlischer Ruh'.

Schneeflöckchen, Weißröckchen
komm zu uns ins Tal,
dann bau'n wir den Schneemann
und werfen den Ball.

Weihnachten in den Niederlanden

Wer denkt, dass die Geschenke an Weihnachten immer und überall am 24. Dezember verteilt werden, täuscht sich. In den Niederlanden ist es der 6. Dezember – also der Nikolaustag beziehungsweise der Vorabend. Dies liegt an der besonderen Verbindung, die die Niederländer als Seefahrernation mit Nikolaus haben. Nikolaus ist ja nicht nur der Schutzpatron der Kinder, sondern auch der Seefahrer – und das kam so:

Vor langer Zeit, als Nikolaus Bischof von Myra war, segelte ein reich beladenes Schiff ruhig auf dem Mittelmeer. Plötzlich verfinsterte sich der Himmel, und es wurde nachtschwarz. Donner grollte, und Blitze zuckten. Die Wellen schlugen immer höher gegen das Schiff, und es musste sich mit aller Macht dagegenstemmen. Doch es half nichts. Der Wind wurde stärker und stärker, und plötzlich brachen die Masten, und die Segel zerrissen. Das Schiff trieb wie eine Walnusshälfte zwischen den meterhohen Wellen hin und her. Es stand bereits voll Wasser, und die Matrosen hatten Angst um ihr Leben. Plötzlich erblickten sie mitten im schlimmsten Treiben eine fremde Gestalt auf dem Schiff. Der Mann trug einen lan-

34

gen roten Mantel und eine Bischofsmütze. Er richtete die Masten auf und stellte sich ans Steuerrad. Sicher und ruhig lenkte er das Schiff zwischen den hohen Wellen hindurch in den nahen Hafen.
Dort war er plötzlich verschwunden.

Die Matrosen fielen sich vor Glück um den Hals und machten sich auf in die Kirche, um Gott für ihre Rettung zu danken. Sie staunten nicht wenig, als sie plötzlich am Altar den Mann erblickten, der sie gerettet hatte. Es war der heilige Nikolaus von Myra. Seitdem und bis zum heutigen Tag ist Nikolaus der Schutzpatron der Seefahrer.

In den Niederlanden ist es Brauch, dass der Nikolaus – der dort Sinterklaas heißt – mit seinem Gefährten Zwarte Piet auf Schiffen in alle Hafenstädte fährt. Dort wird er von jubelnden Menschen empfangen. Auf einem weißen Pferd reitet er dann durch das Land und beschenkt die Menschen.

Am Ankunftstag von Sinterklaas stellen die niederländischen Kinder ihre Schuhe auf und legen Wunschzettel hinein. Für den Schimmel stellen sie Wasser, Heu und Möhren daneben.

Am Nikolausabend sitzt die Familie dann beisammen, Geschenke werden ausgetauscht, und zu jedem Geschenk wird ein lustiges Nikolausgedicht aufgesagt.

Hermann Löns

Lüttjemann und Püttjerinchen

Es waren einmal zwei Mooswichte, die lebten in einem alten Steinbruch.

Sie hatten ein einziges Kind, das nannten sie Lüttjemann, weil es noch viel kleiner war, als die Kinder der Mooswichte sonst sind, so klein, dass es in einer Wiege aus einer halben Walnussschale Platz hatte.

Die alten Mooswichte liebten ihren einzigen Sohn zärtlich; er bekam das feinste Essen: Blumenhonig und Nusskernbrot und dazu Mondtau und herrliche Spielsachen: goldene Käferflügel, silberne Libellenaugen, blitzende Kristalle und funkelnde Steine.

Als er größer wurde und zu Verstand kam, ließen ihn seine Eltern etwas Tüchtiges lernen: Der Maulwurf lehrte ihn das Graben, der Specht das Meißeln, die Maus das Hobeln, der Käfer das Bohren, die Spinne das Weben, die Schnecke das Polieren, die Heuschrecke brachte ihm das Fiedeln und die Mücke das Singen bei.

Als Lüttjemann so groß war, dass ihm der Bart wuchs, sagte sein Vater zu ihm: „Du kannst

36

alleine in der Welt fertig werden. Suche dir eine Wohnung, richte sie dir hübsch ein, nimm dir eine Frau und sei glücklich mit ihr, wie ich es mit deiner Mutter bin. Und damit dir unterwegs niemand etwas tut, so hast du hier einen Spieß und Bogen und Pfeile." Und er gab ihm einen Schlehdorn, einen Bogen aus einer Fischgräte und Pfeile aus Wildschweinborsten mit giftigen Spitzen aus Bienenstacheln.

Lüttjemanns Mutter weinte sehr, als sie das hörte, und wischte sich mit ihrer Schürze, einem roten Mohnblatt, die Augen. Sie küsste ihren Sohn und sprach zu ihm: „Heirate kein Mädchen, das nicht dünn in der Mitte, blau in den Augen und blond auf dem Kopf ist. Und hier hast du allerlei auf die Reise mit." Und sie gab ihm eine Tasche aus Spitzmausfell, darin war: eine Bucheckernflasche mit Bickbeerwein, eine Wurst aus Schneckenfleisch, ein Brot aus Hirtentäschel.

Lüttjemann wollte auch erst weinen, dass er nun so allein in die Welt hinausmusste, aber er dachte daran, dass er einen Bart, einen Spieß und Pfeil und Bogen hatte, küsste seinen Vater und seine Mutter und ging tapfer in die Welt hinaus.

Als er eine Weile gegangen war, wurde er hungrig und setzte sich unter ein Klettenblatt, um zu frühstücken. Vorher aber rief er, wie es ihn seine Eltern gelehrt hatten: „Ich hab für zwei Mann genug im Sack, ist keiner da, der mithalten mag?"

Da schnurrte es über Lüttjemann, der Zaunkönig kam angeflogen, machte einen tiefen Knix und sagte: „Ich esse auch nicht gern allein; ich bin so frei und lad mich ein."

Sie aßen und tranken, und als der Zaunkönig satt war, bedankte er sich schön und sprach: „Will man dir etwas tun, so rufe mich, ich heiße Vogel Wunderlich." Lüttjemann ging weiter, und als er wieder hungrig wurde, setzte er sich unter einen Fliegenpilz, knöpfte sein Ränzlein auf und rief: „Ich habe für zwei Mann genug im Sack; ist keiner da, der mithalten mag?"

Da raschelte es neben ihm, und der Igel kam, bot Lüttjemann die Tageszeit und sprach: „Ich esse auch nicht gern allein; ich bin so frei und lad mich ein."

Sie aßen und tranken, und als der Igel satt war, bedankte er sich schön und sprach: „Will man dir was tun, so rufe mich; ich bin das Tierchen Picke-dich."

Lüttjemann ging weiter, und als er wieder hungrig war, setzte er sich unter einen Brombeer-busch und lud sich wieder Gesellschaft ein. Da kam der Hirschkäfer, macht einen Diener und vesperte mit, und als er satt war, bedankte er sich schön und sagte: „Will man dir was tun, so rufe mich her; ich bin der Käfer Kneifesehr."

Lüttjemann ging weiter und fand einen goldenen Laufkäfer auf dem Rücken liegen; er half ihm auf die Beine, und da sagte der Käfer: „Du halfest mir aus Not und Pein, dafür will ich dein Hund jetzt sein." Und Lüttjemann freute sich darüber sehr und sprach: „Blitzeblank, so nenn ich dich, lauf voran und schütze mich!" Da lief Blitzeblank vor ihm her und biss alles in die Beine, was den Weg nicht freigeben wollte.

Gegen Abend kamen sie an einen Steinbruch. Da sahen sie drei Glühwürmer, die leuchteten, und sechs Totengräber in schwarzen, rot besetzten Röckchen beerdigten eine Fledermaus. Lüttjemann half ihnen dabei und lud sie nachher zum Abendbrot ein. Als die Totengräber hörten, dass er ein Haus für sich suchte, zeigten sie ihm die Wohnung der Fledermaus, die jetzt leer stand.

Lüttjemann ging mit und sah sich die Wohnung an. Es war ein Loch in der Felswand unter einem Glockenblumenbusch. Die Glühwürmer leuchteten, und die Totengräber machten rein, und als all der Kehricht heraus war, den die alte faule Fledermaus hatte liegen lassen, da freute sich Lüttjemann, denn die Decke war ganz aus blanken Kristallen und die Wände aus dem schönsten Kalkstein.

Er machte zwei Lager, eins für sich und eins für Blitzeblank, und schlief ruhig ein, denn er war von dem weiten Weg müde. Frisch und munter wachte er am andern Morgen auf, wusch sich in einem großen Tautropfen, kochte auf einem Feuer aus trockenen Tannennadeln ein Lerchenei, das Blitzeblank herangeschleppt hatte, in einem Topf aus einer Schneckenschale, frühstückte und richtete sich seine Wohnung ein, und weil er viel freundlicher und gefälliger war als die brummige Fledermaus, so halfen ihm die kleinen Leute aus der Nachbarschaft.

Die Spinne webte ihm Vorhänge, die Eule gab ihm Federn für das Bett, das Eichhorn sorgte für Teller und Töpfe aus Nüssen und Eicheln, Brennholz brachten die Ameisen, der Specht schaffte Leuchtholz herbei, damit Lüttjemann abends Licht hatte, die Bienen lieferten Honig, der Eisvogel Libellenflügel als Wandschmuck.

Als alles fertig war, sagte Lüttjemann: „Fix und fertig ist das Haus; jetzt geh ich und suche die Braut mir aus."

40

Jeden Tag ging er in die Nachbarschaft auf Brautschau, und jeden Abend kam er allein nach Hause, denn er hatte keine Frau gefunden, die zu ihm passte. Die Unke war zu dick in der Mitte, das Goldhähnchen hatte schwarze Augen, und die Spitzmaus war zu schwarz auf dem Kopf.

So kam der Herbst ins Land, und Lüttjemann hatte immer noch keine Frau. Sein Häuschen war sauber und gemütlich, Küche und Keller, Stall und Scheune waren voll, aber Lüttjemann wurde immer trauriger, weil er so allein war, und spielte auf seiner Fiedel, die er sich aus einem Mausekopf gemacht hatte, nur noch ganz leise Lieder.

Als der Wind die roten Blätter von den Bäumen riss, kam eine kleine Haselmaus und fragte Lüttjemann, ob sie nicht über den Winter neben dem Herd schlafen dürfe, denn die Holzhauer hätten ihr Häuschen in der Buche entzweigemacht. Das erlaubte Lüttjemann ihr, und sie ging hinter den Herd, rollte sich zusammen und schlief ein.

So wurde es Winter, und wenn Lüttjemann auch noch so traurig war über sein Alleinsein, einen Weihnachtsbaum wollte er doch haben. Er ging mit seiner Säge, einem scharfen Heuschreckenbein, in den Wald, wo die ganz kleinen Tannenbäume stehen, suchte sich den schönsten aus, schnitt ihn ab, setzte ihn in eine Kastanie und putzte ihn aus mit Lichtern aus Schneckentalg, Flittergold von Schmetterlingsflügeln und Watteflöckchen vom Altweibersommer, und weil er am Weihnachtsabend nicht allein sein wollte, so buk er tüchtig Kuchen für seine Gäste und machte dazu ein großes Feuer, dass die Haselmaus warm und munter wurde.

Sie rieb sich die großen schwarzen Augen, strich sich ihren langen Schnurrbart gerade, kämmte und putzte sich und sprach: „Lüttjemann, sei mal still, weil ich dir was sagen will. Mir hat geträumt in letzter Nacht, Christkind hätt' dir was gebracht. Mitten dünn, oben gold, und die Augen blau und hold. Wo der Bach den Bogen macht, es die Pustefrau bewacht."

Lüttjemann riss sein rotes Mützchen ab und schrie: „Hurra, hurra, das stimmt genau; das passt ganz auf meine Frau."

Aber dann wurde er sehr traurig, denn die Pustefrau war eine Hexe, der jeder gern aus dem Wege ging, denn wen sie anpustete, der wurde steif und stumm.

Aber er dachte an seinen Spieß und Bogen und an seine Pfeile und ging geradewegs nach dem Bache.

Da saß die Pustefrau unter einer faulen Eichenwurzel, rieb vor Boshaftigkeit ihre Spinnenfinger und rief: „Lüttjemann, Lüttjemann, wer mich stört, den pust' ich an. Püttjerine, deine Braut, schläft schon auf dem Farrenkraut."

Lüttjemann hatte große Angst, als er die Pustefrau so reden hörte, als er aber das Püttjerinchen sah, die hinter der Hexe auf dem Farrenbett lag und schlief, in der Mitte dünn, auf dem Kopfe blond und in den Augen blau, da ging er tapfer auf die Alte los.

Die Hexe machte sich dick wie eine Kröte und pustete. Als sie das erste Mal pustete, lief es Lüttjemann kalt über den Rücken, aber er schoss doch einen Pfeil ab. Die Hexe aber lachte böse, fing den Pfeil auf und blies zum zweiten Mal. Da lief es Lüttjemann kochend heiß über den Rücken, aber er schwang seinen Speer und ging auf die Hexe los. Da machte sie sich doppelt so dick wie vorher, und da dachte Lüttjemann an den Zaunkönig und rief: „Kleiner Vogel Wunderlich, rette vor der Hexe mich!" Da schnurrte es in der Luft, der Zaunkönig kam an, flog der Pustefrau in das Gesicht. Aber wenn er dadurch auch Lüttjemann rettete, er selber wurde von der Hexe angeblasen und fiel steif und stumm in den Schnee.

Wieder blies die Hexe sich auf, und da fiel Lüttjemann der Igel ein, und er rief: „Gutes Tierchen Pickedich, rette vor der Hexe mich!"

Da trappelte es im Schnee, der Igel kam an, rollte sich zusammen, kugelte sich auf die Pustefrau und stach sie so, dass sie laut schrie. Aber auch ihn pustete sie an, und steif und stumm lag er im Schnee.

Wieder blies die Hexe sich auf und wollte Lüttjemann anpusten, da dachte er an den Hirschkäfer und schrie: „Starker Käfer Kneifesehr, ich bin in Not, komm schleunigst her!"

Da krabbelte es in der faulen Eichenwurzel, unter der die Pustefrau saß, Kneifesehr streckte seine Zange hervor, fasste die Hexe um den Hals und würgte sie, dass sie blau im Gesicht wurde und das Pusten vergaß. Und da sprang Lüttjemann hinzu, stieß ihr seinen Speer in das Herz und warf das Scheusal in den Bach.

Da erwachte Püttjerinchen aus dem Zauberschlaf, richtete sich auf, strich ihr seidenes Röckchen glatt, gab Lüttjemann einen Kuss und sprach: „Püttjerinchen heiße ich, ich bin zart und püttjerig. Mein Vater ist König im Wollgrasland, Flitterfroh ist er genannt, und meine Mutter, die Königin, die nennen sie Frau Susewin."

44

Da lachte Lüttjemann und fragte sie, ob sie seine Frau sein wollte, und da war Püttjerinchen zufrieden, und alle kleinen Leute im Walde kamen und wünschten ihnen Glück und geleiteten sie mit Musik durch den Schnee nach Lüttjemanns Haus; auch der Zaunkönig und der Igel, die wieder aufgewacht waren, kamen mit.

Die Haselmaus lachte, als der fröhliche Zug ankam, deckte den Tisch, braute einen Hagebuttenpunsch und steckte die Lichter an dem Weihnachtsbaum an, gerade als unten im Dorfe die Menschen auch die Lichter anzündeten.

Da ging es denn vergnügt her, Lüttjemann war froh, dass er eine Frau hatte, und Püttjerinchen freute sich, dass sie einen so guten Mann bekommen hatte.

Im Frühling feierten sie Hochzeit, wozu Lüttjemanns und Püttjerinchens Eltern auch kamen, und als sie Kinder bekamen, nannten sie den Jungen Lüttjepütt und das Mädchen Püttjelütt, und wenn sie nicht gestorben sind, dann leben sie auch heute noch.

Futterzapfen für Vögel

Material
1 Tannenzapfen, ca. 20 cm hoch
200 g weißes Pflanzenfett
200 g Körnermischung
1 kleiner Tontopf
Geschenkband

1. Das Pflanzenfett in einem Topf auf dem Herd zerlassen. Die Körnermischung unterrühren. Das flüssige Fett mit einem Löffel auf dem Tannenzapfen verteilen.
2. Wenn das Fett wieder hart ist, den Tannenzapfen in den Tontopf setzen. Den Topf mit einem Stück Geschenkband verzieren.
3. Den Tannenzapfen draußen auf die Fensterbank, auf den Balkon oder in den Garten stellen. Über diese Bescherung freuen sich alle Vögel.

Kapitel 4

Advent

Es treibt der Wind im Winterwalde
die Flockenherde wie ein Hirt,
und manche Tanne ahnt, wie balde
sie fromm und lichterheilig wird,
und lauscht hinaus. Den weißen Wegen
streckt sie die Zweige hin – bereit
und wehrt dem Wind und wächst entgegen
der einen Nacht der Herrlichkeit.

Rainer Maria Rilke

Kling, Glöckchen, kling

Kling, Glöckchen, klingelingeling,
kling, Glöckchen, kling!
Lasst mich ein, ihr Kinder,
ist so kalt der Winter,
öffnet mir die Türen,
lasst mich nicht erfrieren!
Kling, Glöckchen, klingelingeling,
kling, Glöckchen, kling!

Kling, Glöckchen, klingelingeling,
kling, Glöckchen, kling!
Mädchen hört und Bübchen,
macht mir auf das Stübchen,
bring euch viele Gaben,
sollt euch dran erlaben.
Kling, Glöckchen, klingelingeling,
kling, Glöckchen, kling!

Kling, Glöckchen, klingelingeling,
kling, Glöckchen, kling!
Hell erglühn die Kerzen,
öffnet mir die Herzen!
Will drin wohnen fröhlich,
frommes Kind, wie selig.
Kling, Glöckchen, klingelingeling,
kling, Glöckchen, kling!

Weihnachtsschnee

Ihr Kinder, sperrt die Näschen auf,
Es riecht nach Weihnachtstorten;
Knecht Ruprecht steht am Himmelsherd
Und bäckt die feinsten Sorten.

Ihr Kinder, sperrt die Augen auf,
Sonst nehmt den Operngucker:
Die große Himmelsbüchse, seht,
Tut Ruprecht ganz voll Zucker.

Er streut – die Kuchen sind schon voll –
Er streut – na, das wird munter:
Er schüttelt die Büchse und streut und streut
Den ganzen Zucker runter.

Ihr Kinder sperrt die Mäulchen auf,
Schnell! Zucker schneit es heute;
Fangt auf, holt Schüsseln – ihr glaubt es nicht?
Ihr seid ungläubige Leute!

Paula Dehmel

Der Nikolausstiefel

Vielerorts ist es Brauch, dass Kinder am Abend vor dem 6. Dezember Schuhe vor die Tür stellen oder Socken aufhängen, damit der Nikolaus diese nachts mit vielen Leckereien füllt. Und tatsächlich: Am nächsten Morgen sind Schuhe und Strümpfe dann fast immer mit Nüssen, Mandarinen, Schokolade und Lebkuchen gefüllt. Auch dieser Brauch geht auf eine der vielen Legenden rund um den Nikolaus zurück:

Nikolaus war ein junger Mann und noch kein Bischof, als seine Eltern starben. Als Erbe kam er in den Besitz ihres Reichtums. Statt wie viele andere das Geld für eigene Zwecke und Wünsche auszugeben, verteilte er alles, was er hatte, an Arme und Notleidende. Unter anderem auch an drei Schwestern.

Die Schwestern und ihr Vater lebten, wie auch Nikolaus selbst, in Myra. Sie waren bitterarm, aber das war nicht immer so gewesen: Der Vater war früher ein reicher Kaufmann gewesen, doch als seine Frau, die Mutter der drei Mädchen, starb, verfiel er in tiefe Trauer. Er arbeitete nicht mehr, verlor all sein Geld beim Glücksspiel und machte dazu noch viele Schulden.

Damals war es üblich, dass junge Frauen, die heirateten, eine Mitgift in die Ehe einbrachten. Der Vater befürchtete nun, dass seine Töchter niemals würden heiraten können. Er war sehr traurig darüber und wusste weder ein noch aus. Als Nikolaus davon hörte, beschloss er, dem Vater und den drei Mädchen zu helfen. Eines Nachts schlich er sich leise an das Haus, denn er wollte unerkannt bleiben. Er hielt Ausschau nach einem offenen Fenster, und als er endlich eines fand, warf er drei Klumpen Gold in das Zimmer. Diese verfingen sich in den Strümpfen der Mädchen, die zum Trocknen aufgehängt worden waren.

Gerade als sich Nikolaus davonschleichen wollte, rannte ihm der Vater nach. Er hatte vor Kummer nicht schlafen können und den guten Nikolaus mit seinen Gaben bemerkt. Vor Dank fiel er vor ihm auf die Knie. Nikolaus aber sprach zu ihm: „Nicht mir sollst du danken, sondern Gott. Führe von jetzt an ein besseres Leben!"

Der Vater beherzigte die Ermahnung. Er zahlte seine Schulden ab, ließ fortan die Finger vom Glücksspiel und war seinen Töchtern ein guter Vater. Diese feierten bald darauf Hochzeit, und es wurden herrliche Feste, von denen die Gäste noch lange sprachen.

Paula Dehmel

Weihnachten in der Speisekammer

Unter der Türschwelle war ein kleines Loch.
Dahinter saß die Maus Kiek und wartete. Sie
wartete, bis der Hausherr die Stiefel aus- und die
Uhr aufgezogen hatte. Sie wartete, bis die Mutter
ihr Schlüsselkörbchen auf den Nachttisch gestellt
und die schlafenden Kinder noch einmal
zugedeckt hatte. Sie wartete auch noch, als alles
dunkel war und tiefe Stille im Hause herrschte.
Dann ging sie.

Bald wurde es in der Speisekammer lebendig.
Kiek hatte die ganze Mäusefamilie benachrichtigt.
Da kam Miek, die Mäusemutter, mit den fünf Kleinen, und Onkel Grisegrau und Tante Fellchen
stellten sich auch ein.

„Frauchen, hier ist etwas Weiches, Süßes",
sagte Kiek leise vom obersten Brett herunter zu
Miek, „das ist etwas für die Kinder", und er teilte
von den Mohnpielen aus.

„Komm hierher, Grisegrau", piepste Fellchen
und guckte hinter der Mehltonne vor, „hier gibt's
Gänsebraten, vorzüglich, sag ich dir, die reine
Hafermast, wie Nuss knuspert sich's."

Grisegrau aber saß in der neuen Kiste in der Ecke, knabberte am Pfefferkuchen und ließ sich nicht stören.

Die Mäusekinder balgten sich im Sandkasten und kriegten Mohnpielen. „Papa", sagte das größte, „meine Zähne sind schon scharf genug, ich möchte lieber knabbern."

„Ja, ja, wir wollen auch lieber knabbern", sagten alle Mäusekinder, „Mohnpielen sind uns zu matschig!" Und bald hörte man sie am Gänsebraten und am Pfefferkuchen.

„Verderbt euch nicht den Magen", rief Fellchen, die Angst hatte, selber nicht genug zu kriegen, „an einem verdorbenen Magen kann man sterben."

Die kleinen Mäuse sahen ihre Tante erschrocken an; sterben wollte sie ganz und gar nicht, das musste schrecklich sein. Vater Kiek beruhigte sie und erzählte ihnen von Gottlieb und Lenchen, die drinnen in ihren Betten lägen und ein hölzernes Pferdchen und eine Puppe im Arm hätten; und dass in der großen Stube ein mächtiger Baum stände mit Lichtern und buntem Flimmerstaat, und dass es in der ganzen Wohnung herrlich nach frischem Kuchen röche, der aber im Glasschrank stände und an den man nicht herankönnte.

„Ach", sagte Fellchen, „erzähle nicht so viel, lass die Kinder lieber essen." Die aber lachten die Tante mit dem dicken Bauch aus und wollten noch viel mehr wissen, mehr, als der gute Kiek selbst wusste. Zuletzt bestanden sie darauf, auch einen Weihnachtsbaum zu haben, und die zärtlichen Mäuseeltern liefen wirklich in die Küche und zerrten einen Ast herbei, der von dem großen Tannenbaum abgeschnitten war. Das gab einen Hauptspaß. Die Mäusekinder quiekten vor Entzücken und fingen an, an dem grünen Tannenholz zu knabbern; das schmeckte aber abscheulich nach Terpentin, und sie ließen es sein und kletterten lieber in dem Ast umher. Schließlich machten sie die ganze Speisekammer zu ihrem Spielplatz. Sie huschten hierhin und dorthin, machten Männchen, lugten neugierig über die Bretter in alle Winkel hinein und spielten Versteck hinter den Gemüsebüchsen und Einmachtöpfen. Was sollten sie auch mit dem dummen Weihnachtsbaum, an dem es nichts zu essen gab!

Als aber das Kleinste ins Pflaumenmus gefallen war und von Mama Miek und Onkel Grisegrau abgeleckt werden musste, wurde ihnen das Umhertollen untersagt, und sie mussten wieder artig am Pfefferkuchen knabbern.

Am anderen Morgen fand die alte Köchin kopfschüttelnd den Tannenast in der Speisekammer und viele Krümel und noch etwas, was nicht gerade in die Speisekammer gehört, ihr werdet euch schon denken können, was!

Als Gottlieb und Lenchen in die Küche kamen, zeigte Marie ihnen die Bescherung und meinte: „Die haben auch tüchtig Weihnachten gefeiert."

Die Kinder aber tuschelten und lachten und holten einen Blumentopf. Sie pflanzten den Ast hinein und bekränzten ihn mit Zuckerwerk, aufgeknackten Nüssen, Honigkuchen und Speckstückchen. Die alte Marie brummte; da aber die Mutter lachend zuguckte, musste sie schon klein beigeben. Sie stellte alles andere sicher und ließ den kleinen Naschtieren nur ihren Weihnachtsbaum.

Die Kinder aber jubelten, als sie am zweiten Feiertage den Mäusebaum geplündert vorfanden, und hätten gar zu gern auch ein Dankeschön von dem kleinen Volke gehört.

„Den guten Speck vergesse ich mein Lebtag nicht", sagte Fellchen, und Grisegrau biss eine mitgebrachte Haselnuss entzwei. Kiek und Miek aber waren besorgt um ihre Kleinen, die hatten zu viel Pfefferkuchen gegessen, und ihr wisst, liebe Kinder, das tut nicht gut!

Kapitel 5

Advent, Advent,
ein Lichtlein brennt!
Erst eins, dann zwei, dann drei, dann vier,
dann steht das Christkind vor der Tür!

Weihnachtslied

Die Winde brausen und tosen
über Heide und See,
im Garten die Christrosen
blüh'n heimlich unter dem Schnee;

heimlich, wie in den Bäumen
es leise treibt und drängt;
heimlich wie ein süßes Träumen,
das dämmernd den Sinn umfängt;

wenn aus der Luft, der klaren,
Weichnachtsgeläute schwebt,
als hätten vor vielen Jahren
schon einmal wir gelebt,

als hätte unsre Lippe
schon damals das alte Lied
gesungen, als vor der Krippe
wir weinend niedergekniet,

als hätten wir selber gesehen
des Sternes leuchtendes Licht
über der Hütte stehen,
und Mariens reines Gesicht,

und die Strahlen, welche flirrten
um des Kindes blondlockiges Haar,
und die Könige und die Hirten
und der Engel jauchzende Schar.

Marx Möller

Alle Jahre wieder

Alle Jahre wieder
kommt das Christuskind
auf die Erde nieder,
wo wir Menschen sind.

Kehrt mit seinem Segen
ein in jedes Haus,
geht auf allen Wegen
mit uns ein und aus.

Steht auch mir zur Seite
still und unerkannt,
dass es treu mich leite
an der lieben Hand.

Weihnachten in Italien

Italienische Kinder haben es gut. Sie bekommen drei Mal Geschenke! Die ersten gibt es am 6. Dezember. Wie auch in Deutschland beschenkt der Nikolaus die Kinder mit süßen Kleinigkeiten. Genau eine Woche später wird am 13. Dezember das Luziafest gefeiert. Luzia von Syrakus wurde um 281 n. Chr. in Syrakus auf Sizilien geboren und starb dort ungefähr 304 n. Chr. Zu der Zeit, als sie lebte, wurden Christen verfolgt. Doch sie half den armen Menschen und brachte ihnen Essen in ihre Verstecke. Als Luzias Glaube immer stärker wurde und sie sogar Nonne werden wollte, wurde ihr Verlobter sehr böse. Er zeigte sie an, und daraufhin wurde die arme Luzia ermordet – ihr Vermögen jedoch ging an die Armen. Im Gedenken an die heilige Luzia ist es in Italien Brauch, dass am 13. Dezember Kinder kleine Geschenke erhalten und für die Armen eine Mahlzeit zubereitet wird.

Am 23. Dezember verkleiden sich viele italienische Kinder als Schäfer und gehen von Haus zu Haus. Dort singen sie Lieder und spielen Flöte, und als Dank erhalten sie entweder etwas Geld oder Süßigkeiten. Erwachsene dürfen an diesem

Tag nichts essen. Am 24. Dezember werden sie für ihr Hungern mit einem fröhlichen Festmahl belohnt. Als süßen Abschluss gibt es Panettone. Das ist ein leckerer Kuchen aus Hefeteig mit Nüssen und kandierten Früchten.

Außerdem wird am 24. Dezember der Weihnachtsbaum geschmückt und die Krippe aufgestellt. Diese ist in vielen Familien wichtiger als der Weihnachtsbaum. Manche Krippen sind so groß, dass sie das halbe Wohnzimmer einnehmen. Das Jesuskind wird allerdings erst nach der Mitternachtsmesse in die Krippe gelegt. Kleine Geschenke werden auch schon unter den Baum gelegt – sie dürfen allerdings erst am 25. Dezember ausgepackt werden, dann aber ganz früh am Morgen!

Am 6. Januar, dem Dreikönigstag, gibt es dann die großen Geschenke. Sie werden aber nicht von den Heiligen Drei Königen gebracht, sondern von der Hexe Befana. Und das kam so:

Als die Heiligen Drei Könige nach Bethlehem zogen, machten sie unterwegs Rast in einer kleinen Hütte. Dort saß Befana am Webstuhl und arbeitete. Die drei Könige wollten sie mitnehmen, doch Befana wollte lieber noch zu Ende weben. Sie versprach aber nachzukommen. Als sie end-

lich fertig gewebt hatte, konnte sie die drei Könige nicht mehr finden. Seither zieht Befana mit ihren Geschenken umher und verteilt sie an die italienischen Kinder.

Weihnachtsschachteln

Material
kleine Schachteln aus Pappe oder Span
Wellpappe
Ausstechförmchen zum Backen
Bleistift
Schere
Klebstoff
Goldfarbe und Pinsel

1. Die Ausstechförmchen (z. B. Tannenbaum, Herz oder Stern) auf die Wellpappe legen. Die Umrisse mit dem Bleistift nachzeichnen. Die Figuren mit der Schere ausschneiden.
2. Die Figuren auf die Oberseite der Schachteln kleben. Dann die Schachteln mit der Goldfarbe anmalen. Falls die Farbe beim ersten Mal nicht gut deckt, die Schachteln trocknen lassen und noch einmal anmalen.

Kapitel 6

Ins Fenstereck, im Mondenschein,
stellte ich den Schuh hinein.
Nikolaus, vergiss ihn nicht!
Tu hinein, was mir gebricht:
Nüss' und Äpfel und süßen Kram,
dass ich mich herzlich freuen kann!

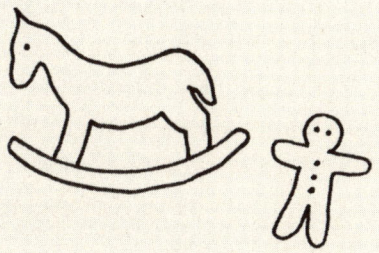

Christkind im Walde

Christkind kam in den Winterwald,
der Schnee war weiß, der Schnee war kalt.
Doch als das heil'ge Kind erschien,
fing's an, im Winterwald zu blühn.
Christkindlein trat zum Apfelbaum,
erweckt ihn aus dem Wintertraum.
„Schenk Äpfel süß, schenk Äpfel zart,
schenk Äpfel mir von aller Art!"
Der Apfelbaum, er rüttelt sich,
der Apfelbaum, er schüttelt sich.
Da regnet's Äpfel ringsumher;
Christkindleins Taschen wurden schwer.
Die süßen Früchte alle nahm's,
und so zu den Menschen kam's.
Nun, holde Mäulchen, kommt, verzehrt,
was euch Christkindlein hat beschert!

Ernst von Wildenbruch

Der Heiland ist geboren

Der Heiland ist geboren!
Freu dich, du Christenheit!
Sonst wär'n wir gar verloren
in alle Ewigkeit.
Freut euch von Herzen, ihr Christen all,
kommt her zum Kindlein in den Stall!

Das Kindlein auserkoren,
freu dich, du Christenheit!
Das in dem Stall geboren,
hat Himmel und Erd' erfreut.
Freut euch von Herzen, ihr Christen all,
kommt her zum Kindlein in den Stall!

Die Engel lieblich singen,
freu dich, du Christenheit!
Tun gute Botschaft bringen,
verkündigen große Freud.
Freut euch von Herzen, ihr Christen all,
kommt her zum Kindlein in den Stall!

Der Adventskranz
und der Adventskalender

Für die meisten von uns gehört ein Adventskranz ganz selbstverständlich zur Vorweihnachtszeit. Mit jeder neu entzündeten Kerze rückt Weihnachten näher, und die Vorfreude wächst. Doch staunt man nicht schlecht, wenn man hört, dass der Adventskranz erst 1833 „erfunden" wurde.

Es war der protestantische Hamburger Pfarrer Johann Hinrich Wichern, der in seinem Erziehungsheim für sozial vernachlässigte Jugendliche den Kranz einführte. Damals bestand er noch aus 28 Kerzen: 4 große weiße Kerzen für die Sonntage, 24 kleine rote Kerzen für die Werktage. An jedem Tag des Advents durfte ein anderes Kind eine Kerze anzünden. Johann Wichern erzählte in seinen Predigten oft von seiner Idee, und so wurde der Adventskranz schnell in ganz Hamburg und Umgebung bekannt. Als Wichern 1860 von Hamburg nach Berlin zog und dort die Leitung eines Waisenhauses übernahm, brachte er seinen schönen Brauch mit.

Zuerst war der Adventskranz ein rein protestantischer Brauch – doch im Laufe der Zeit wurde

68

er auch von den Katholiken übernommen. Dort hatte er allerdings von Anfang an nur 4 Kerzen, für jeden Adventssonntag eine. Im Kölner Dom wurde 1925 der erste Adventskranz aufgehängt.

Heute ist der Adventskranz in vielen Ländern bekannt und beliebt. Das Kerzenlicht symbolisiert das Licht Gottes. Die Kreisform des Kranzes, der keinen Anfang und kein Ende hat, steht für das ewige Leben. Man kann sich aber auch einfach an dem Kranz erfreuen und mit ihm die Tage zählen, die noch bis zum großen Fest bleiben.

Eine besonders süße Art, die Tage bis Weihnachten zu zählen, ist der Adventskalender, der an jedem Tag eine kleine Nascherei bereithält. Auch er ist ursprünglich ein evangelischer Brauch, der um 1850 entstanden ist. Damals war er häufig als Abreißkalender gestaltet, und an jedem Tag kam ein anderes weihnachtliches Motiv zum Vorschein. Die heutigen Adventskalender, mit kleinen Türchen zum Öffnen, hinter denen sich in Formen gegossene Schokolade verbirgt, gibt es seit 1908. Damals brachte der Münchener Verleger Gerhard Lang den ersten Adventskalender dieser Art auf den Markt. Besonders schön ist es, seine ganz eigenen Adventskalender zu gestalten und zu verschenken.

Monika Hunnius

Kinderweihnacht

Weihnachten! Welch ein Zauber liegt in diesem
Wort! Mir ist es immer, als öffnete sich damit der
Blick in den Sternenhimmel, und die Freude
funkelte herab, auch in die Dunkelheit trüber
Zeiten. Man stellte seine Sorgenlast für eine Weile
beiseite und befreit seine Seele, damit sie hell
dastehe, frei vom Alltagsstaub, und das Licht
aufnimmt und widerstrahlt, Liebe empfängt und
Liebe gibt. In wie vielen Herzen, die von der Not
des Lebens dunkel geworden sind, strahlt das
Licht der Weihnachtsfreude, lehrt sie aufschauen
und wieder an das Licht glauben, wie viel Ohren,
die sich verschlossen hatten, tun sich auf bei dem
Klang der Weihnachtsglocken und horchen auf
die frohe Botschaft, die uns allen verkündet wird.
Kommt auch bald wieder der Alltag zu seinem
Recht, kommen auch die dunklen Seiten wieder,
man hat doch immer wieder ins Licht schauen
dürfen, man hat den Klang der Weihnachtglocken
gehört, man war doch wieder einmal froh gewesen und hatte Liebe gegeben und empfangen.
Gesegnet sei darum unser liebes Weihnachtsfest!

Wir lebten in einer kleinen Stadt Estlands, unser Haus lag dich an der Kirche, und das Glockengeläute an den Festtagen durchtönte es bis in den letzten Winkel. Dadurch hatten die Festtage bei uns ganz besonderes Gepräge. Auch verstand meine Mutter so wunderbar, Feste zu feiern.

Es war so viel Freude in ihr, und die Freude ging wie ein großer Strom voll Leben von ihr aus. Niemals aber empfanden wir das so stark wie in der Weihnachtszeit.

Wie herrlich waren schon die Vorbereitungen! Die ganze Adventszeit war so voller Erwartung; der bunte Adventsstern, der vom ersten Advent an in unserem Zimmer hing, die Advents- und Weihnachtslieder, die wir mit unserer Mutter sangen, und die Geheimnisse, die um uns entstanden! Es war gar kein Alltag mehr, denn jeder Tag war durchrauscht von froher Feststimmung und Erwartung.

Wie köstlich war es, wenn Mutter dazwischen in ihrem Zimmer verschwand und wir nicht hineinkommen durften! Wenn sie auf Besorgungen ging, bei denen wir sie nicht begleiten durften und von wo sie mit großen, geheimnisvollen Paketen wieder heimkam! Wie köstlich war es, auf dem Fußboden von Mutters Zimmer dazwischen ein Stückchen Schaumgold zu finden! Wir dachten ganz sicher, die Engel hätten es von ihren Flügeln verloren.

Und dann war plötzlich der Weihnachtsabend da! Geheimnisvoll rauschend wurde der Tannenbaum durch das Haus getragen, mit Herzklopfen lauschten wir, in unserem Kinderzimmer eingeschlossen, wie die Zweige unsere Tür streiften. Von diesem Augenblick an war das Wohnzimmer für uns den ganzen Tag verschlossen. Unsere Puppen saßen schon längst festlich gekleidet auf dem Fensterbrett und durften all die Herrlichkeiten früher als wir sehen. Wir lagen auf dem Fußboden und versuchten, durch die Ritze der Tür irgendeinen Schimmer der Herrlichkeit zu erspähen.

Ach, und wenn es dann Abend wurde und die verschlossene Tür sich weit auftat, Geheimnisse sich enthüllten und alles voll Glanz und Freude war! Weihnachtsfreude, Kinderseligkeit, so oft geschildert, so oft besungen, wer fände aber doch die rechten Worte, alles das ganz auszusprechen!

Es gab aber einmal ein Weihnachten, wo ich bitterlich weinte. Von diesem Weihnachtsfest will ich erzählen.

Es war Adventszeit. Ich hatte eine heiß geliebte Puppe, sie hieß Adelchen, sie war groß, hatte

einen Porzellankopf, himmelblaue Augen und schwarze angemalte Locken. Ich liebte sie über alles, und doch plagte mich einmal die Neugierde, zu erfahren, was „in ihr drin" sei. Ich teilte diese Sehnsucht meiner kleinen Schwester Elisabeth mit, und eines Tages fassten wir den ruchlosen Plan, der Sache auf den Grund zu kommen. Wir entkleideten Adelchen, bohrten und fühlten an ihrem Körper lange herum, konnten aber nicht ergründen, woraus sie „gemacht" war. Da ergriff ich eine Schere und schlitzte ihr den Leib auf. Ein Strom von Sägespänen ergoss sich aus der Wunde. Voller Staunen sahen wir dem Strom zu, vergrößerten grausam mit den Fingern den Riss und sahen kaltblütig ihr Leben entströmen. Plötzlich wurde uns bange, sie wurde welk und dünn; wenn wir sie aufsetzen wollten, knickte sie zusammen, und ihr schwerer Porzellankopf sank ihr vornüber.

Ein großer Schmerz kam über mich, und mein kleines Schwesterchen fing an zu weinen. In unserer Angst brachten wir unser Opfer zu unserer alten Wärterin. „Mein Gott, welche Kinder" war ihr beängstigender Ausruf bei unseren Unarten. Sie führte uns Schuldbeladene mit dem Opfer, das welk über ihren Arm hing, zu unserer Mutter, die die Puppe fortnahm, und ich weinte mich abends in den Schlaf vor Sehnsucht nach der Heißgeliebten, so grausam Ermordeten.

Nach einigen Tagen dachte ich, meine Mutter würde sie uns geheilt wiedergeben. Als sie aber gar keine Anstalten dazu machte, trieb mich die heiße Sehnsucht zu der Bitte, Mutter möchte mir doch Adelchen wiedergeben. „Nein", war die Antwort, „das habt ihr nicht verdient, das Christkindchen hat die Puppe geholt, wird sie zu Weihnachten reparieren und sie wohl den armen Kindern bringen." Traurig hörte ich den Bescheid und dachte, ich hätte diese Strafe wohl verdient; nur dass Adelchen für armen Kinder da sein sollte, konnte ich nicht verwinden. Überhaupt, die „armen Kinder" waren vor Weihnachten ein Stein des Anstoßes für mich, über den ich oft stolperte. Immer musste man ihnen was weggeben von seinen Sachen! Meine Kleider schenkte ich gern fort, auch meine sonstigen Spielsachen; nur wenn es eine Puppe wegzugeben galt, zerriss es mir das Herz. Dazu sagte Mutter noch, wenn man den Armen nicht froh und gern gäbe, so trüge das Geben keinen Segen.

Und nun war Weihnachten da! Trotz Adelchens Verlust waren die Tage vorher wie sonst, voll herrlichster Erwartung, voll kühnster Träume,

glühendster Wünsche, auf deren Erfüllung man mit Zittern wartete.

Ich hatte für meine Eltern ein Gedicht auswendig gelernt, dessen ersten Vers ich mit mühsam steifen Buchstaben auf ein „Wunschpapier" geschrieben hatte. Dieses Wunschpapier zu Weihnachten einzukaufen war ein herrliches Erlebnis. Es war ein feierlicher Augenblick, wo wir unter den Flügeln unserer alten Wärterin in den Laden gingen, jedes sein Fünfzehnkopekenstück in der Hand. Wir wählten in der größten Aufregung und konnten uns immer nicht zum Einkauf entschließen, bis unsere Wärterin für uns endlich die Entscheidung traf. Mit unseren Wunschpapieren in den Händen, mit klopfendem Herzen standen wir dann hinter der Tür des Weihnachtszimmers. Nun öffnete sie sich weit; Mutter spielte den Choral, Vater stand neben ihr am Flügel mit dem Neuen Testament in der Hand, aus dem wunderbare Buchzeichen an bunten Bändern heraushingen. Wir sangen Weihnachtslieder, hörten das Weihnachtsevangelium und wagten gar nicht, nach dem Baum oder unseren Geschenken hinzuschauen. Das war uns nämlich von unserer alten Wärterin fest eingeprägt, „ehe ihr euer Gedicht aufgesagt habt, dürft ihr nichts sehen", und nun sollte ich mein Gedicht aufsagen. Ich überreichte Vater mein Wunschpapier und fing an „Ihr Kinderlein, kommet, o kommet", doch als ich so weit kam, da hatte ich meinen Blick erhoben und nach dem Gabentisch hingeschaut. Was sah ich? In der Mitte des Tisches saß mein Adelchen in einem neuen Kleide, mit wohlgefülltem Körper und steif abstehenden Armen. Über diesen Anblick vergaß ich alles, ich stand mit weit geöffneten Augen da, und mein Herz stand vor Seligkeit einen Augenblick still.

Ich verstummte und konnte mein Gedicht nicht weiter aufsagen. Mein Vater war ernst und ein wenig streng. Pflichttreue und Selbstüberwindung mussten wir schon als kleine Kinder zu üben versuchen. Er blickte missbilligend nach mir hin, meine Mutter half mir, aber mein Gedächtnis ließ mich vollständig im Stich, und ich brach in Tränen aus.

Trotzdem wurde der Abend noch schön. Tränenüberströmt schloss ich mein Adelchen in meine Arme und beruhigte mich, als meine Eltern sagten, sie wären mir nicht mehr böse.

Als ich abends in einem Bett lag mit Adelchen im Arm und mein Abendgebet sprach, dankte ich zuerst dem lieben Gott für mein wiedergeschenk-

tes Kind. Dann kam eine heiße Bitte um Verge-
bung, dass ich meine Eltern so schwer betrübt
hätte, und dann ging alles unter in dem einen
Glückgefühl, dass die armen Kinder mein Adelchen nicht bekommen hatten! Und den kalten
Porzellankopf meiner Puppe fest an meine heißen
Kinderwangen gedrückt, schlief ich selig und
dankbar ein.

Duftende Apfelsine

Material
1 Apfelsine
ca. 30 Gewürznelken
evtl. Stoffband (1 cm breit)

1. Die Apfelsine gründlich waschen. Wenn sie aufgestellt werden soll, unten eine dünne Scheibe abschneiden, damit sie eine feste Standfläche hat.
   Oder du bindet das Stoffband so um die Apfelsine, dass man sie z. B. am Fenster aufhängen kann.
2. Die Gewürznelken mit der Spitze in die Schale drücken. Entweder denkst du dir ein Muster aus, oder du verteilst die Nelken kreuz und quer. Nun verströmt die Apfelsine einen wunderbaren Duft!

Kapitel 5

Knecht Ruprecht

Draußen weht es bitterkalt,
wer kommt da durch den Winterwald?
Stipp – stapp, stipp – stapp und huckepack –
Knecht Ruprecht ist's mit seinem Sack.
Was ist denn in dem Sack drin?
Äpfel, Mandeln und Rosin'
und schöne Zuckerrosen,
auch Pfeffernüss' fürs gute Kind.
Die andern, die nicht artig sind,
die klopft er auf die Hosen.

Martin Boelitz

Weihnachtslied

Vom Himmel in die tiefsten Klüfte
Ein milder Stern herniederlacht;
Es brennt der Baum, ein süß' Gedüfte
Durchschwimmet träumerisch die Lüfte,
Und kerzenhelle wird die Nacht.

Mir ist das Herz so froh erschrocken,
Das ist die liebe Weihnachtszeit!
Ich höre fernher Kirchenglocken
Mich lieblich heimatlich verlocken
In märchenstille Herrlichkeit.

Ein frommer Zauber hält mich wieder,
Anbetend, staunend muss ich stehn;
Es sinkt auf meine Augenlider
Ein goldner Kindertraum hernieder,
Ich fühl's, ein Wunder ist geschehn.

Theodor Storm

O du fröhliche

O du fröhliche,
o du selige,
gnadenbringende Weihnachtszeit!
Welt ging verloren,
Christ ist geboren:
Freue, freue dich, o Christenheit!

O du fröhliche,
o du selige,
gnadenbringende Weihnachtszeit!
Christ ist erschienen,
uns zu versühnen:
Freue, freue dich, o Christenheit!

O du fröhliche,
o du selige,
gnadenbringende Weihnachtszeit!
Himmlische Heere
jauchzen dir Ehre:
Freue, freue dich, o Christenheit!

Manfred Kyber

Der Schneemann

Es war einmal ein Schneemann, der stand mitten im tief verschneiten Walde und war ganz aus Schnee. Er hatte keine Beine und Augen aus Kohle und sonst nichts, und das ist wenig. Aber dafür war er kalt, furchtbar kalt. Das sagte auch der alte griesgrämige Eiszapfen von ihm, der in der Nähe hing und noch viel kälter war.

„Sie sind kalt!", sagte er ganz vorwurfsvoll zum Schneemann.

Der war gekränkt. „Sie sind ja auch kalt", antwortete er.

„Ja, das ist etwas ganz anderes", sagte der Eiszapfen überlegen.

Der Schneemann war so beleidigt, dass er fortgegangen wäre, wenn er Beine gehabt hätte. Er hatte aber keine Beine und blieb also stehen, doch nahm er sich vor, mit dem unliebenswürdigen Eiszapfen nicht mehr zu sprechen. Der Eiszapfen hatte unterdessen was anderes entdeckt, was seinen Tadel reizte: Ein Wiesel lief über den Weg und huschte mit eiligem Gruß an den beiden vorbei.

„Sie sind zu lang, viel zu lang!", rief der Eiszapfen hinter ihm her, „wenn ich so lang wäre wie Sie, ginge ich nicht auf die Straße!"

„Sie sind doch auch lang", knurrte das Wiesel verletzt und erstaunt.

„Das ist etwas ganz anderes!", sagte der Eiszapfen mit unverschämter Sicherheit und knackte dabei ordentlich vor lauter Frost. Der Schneemann war empört über diese Art, mit Leuten umzugehen, und wandte sich, so weit ihm das möglich war, vom Eiszapfen ab. Da lachte was hoch über ihm in den Zweigen einer alten schneeverhangenen Tanne, und wie er hinaufsah, saß ein wunderschönes, weißes, weiches Schnee-Elfchen oben und schüttelte die langen, hängenden Haare, dass tausend kleine Schneesternchen herabfielen und dem armen Schneemann gerade auf den Kopf. Das Schnee-Elfchen lachte noch lauter und lustiger, dem Schneemann aber wurde ganz seltsam zumute, und er wusste gar nicht, was er sagen sollte, und da sagte er schließlich: „Ich weiß nicht, was das ist ..."

„Das ist etwas ganz anderes", höhnte der Eiszapfen neben ihm.

Aber dem Schneemann war so seltsam zumute, dass er gar nicht mehr auf den Eiszapfen hörte,

sondern immer hoch über sich auf den Tannenbaum sah, in dessen Krone sich das weiße Schnee-
Elfchen wiegte und die langen, hängenden Haare
schüttelte, dass tausend kleine Schneesternchen
herabfielen.

Der Schneemann wollte unbedingt etwas sagen
über das eine, von dem er nicht wusste, was es
war, und von dem der Eiszapfen sagte, dass es
etwas ganz anderes wäre. Er dachte schrecklich
lange darüber nach, sodass ihm die Kohlenaugen
ordentlich herausstanden vor lauter Gedanken,
und schließlich wusste er, was er sagen wollte,
und da sagte er:

„Schnee-Elfchen im silbernen Mondenschein,
du sollst meine Herzallerliebste sein!"

Dann sagte er nichts mehr, denn er hatte das
Gefühl, dass nun das Schnee-Elfchen etwas sagen
müsse, und das war ja wohl auch nicht unrichtig.
Das Schnee-Elfchen sagte aber nichts, sondern
lachte so laut und lustig, dass die alte Tanne, die
doch sonst gewiss nicht für Bewegung war, miss-
mutig und erstaunt die Zweige schüttelte und
sogar vernehmlich knarrte.

Da wurde es dem armen kalten Schneemann so brennend heiß ums Herz, dass er anfing, vor lauter brennender Hitze zu schmelzen, und das war nicht schön. Zuerst schmolz der Kopf, und das ist das Unangenehmste – später geht's ja leichter. Das Schnee-Elfchen aber saß ruhig hoch oben in der weißen Tannenkrone und wiegte sich und lachte und schüttelte die langen hängenden Haare, dass tausend kleine Schneesternchen herabfielen. Der arme Schneemann schmolz immer weiter und wurde immer kleiner und armseliger, und das kam alles von dem brennenden Herzen. Und das ist so weitergegangen, und der Schneemann war schon fast kein Schneemann mehr, da ist der Heilige Abend gekommen, und die Englein haben die goldnen und silbernen Sterne am Himmel geputzt, damit sie schön glänzen in der Heiligen Nacht.

Und da ist etwas Wunderbares geschehen: Wie das Schnee-Elfchen den Sternenglanz der Heiligen Nacht gesehen hat, da ist ihm so seltsam zumute geworden, und da hat's mal auf den Schneemann heruntergesehen, der unten stand und schmolz und eigentlich schon so ziemlich zerschmolzen war. Da ist's dem Schnee-Elfchen so brennend heiß ums Herz geworden, dass es heruntergehuscht ist vom hohen Tann und den Schneemann auf den Mund geküsst hat, so viel noch davon übrig war. Und wie die beiden brennenden Herzen zusammen waren, da sind sie alle beide so schnell geschmolzen, dass sich sogar der Eiszapfen darüber wunderte, so ekelhaft und unverständlich ihm die ganze Sache auch war.

So sind nur die beiden brennenden Herzen nachgeblieben, und die hat die Schneekönigin geholt und in ihren Kristallpalast gebracht, und da ist's wunderschön, und der ist ewig und schmilzt auch nicht. Und zu alledem läuteten die Glocken der Heiligen Nacht.

Als aber die Glocken läuteten, ist das Wiesel wieder herausgekommen, weil es so gerne das Glockenläuten hört, und da hat's gesehen, dass die beiden weg waren.

„Die beiden sind ja weg", sagte es, „das ist wohl der Weihnachtszauber gewesen."

„Ach, das war ja etwas ganz anderes!", sagte der Eiszapfen rücksichtslos, und das Wiesel verzog sich empört in seine Behausung.

Auf die Stelle aber, wo die beiden geschmolzen waren, fielen tausend und abertausend kleine

weiße, weiche Flocken, sodass niemand mehr was von ihnen sehen und sagen konnte.

Nur der Eiszapfen hing noch genau so da, wie er zuerst gehangen hatte, und der wird auch niemals an einem brennenden Herzen schmelzen und auch gewiss nicht in den Kristallpalast der Schneekönigin kommen – denn der ist eben etwas ganz anderes!

Strohsterne

Material

Bastelstrohhalme	Weinkorken
Bügeleisen	rotes oder weißes Nähgarn
Stecknadel	Bindfaden

1. Die Strohhalme etwa 30 Minuten in lau-warmem Wasser einweichen. Dann heraus-nehmen, abtrocknen und glatt bügeln.
2. Die Strohhalme übereinanderlegen. Die Stern-mitte mit der Stecknadel auf dem Weinkorken feststecken. Dann die Halme in Sternform schieben.
3. Ein Stück Nähgarn an einem Halm befestigen. Dann den Faden abwechselnd unter und über den Halmen entlangführen. In der zweiten Runde den Faden umgekehrt um die Halme führen. Anschließend den Faden an einem Halm verknoten.
4. Die Stecknadel herausziehen und die Halme nach Wunsch zurechtschneiden (z. B. kleine Spitzen oder Zacken).
5. Ein Stück Bindfaden zum Aufhängen befestigen.

88

Kapitel 8

O du stille Zeit!
Kommst, eh wir's gedacht.
Über die Berge weit,
gute Nacht!

Joseph von Eichendorff

Süßer die Glocken nie klingen

Süßer die Glocken nie klingen
als zu der Weihnachtszeit,
grad als ob Engelein singen
wieder von Frieden und Freud,
wie sie gesungen in seliger Nacht,
wie sie gesungen in seliger Nacht,
Glocken mit heiligem Klang,
klinget die Erde entlang!

Und wenn die Glocken dann klingen,
gleich sie das Christkindlein hört,
tut sich vom Himmel dann schwingen,
eilet hernieder zur Erd,
segnet den Vater, die Mutter, das Kind,
segnet den Vater, die Mutter, das Kind.
Glocken mit heiligem Klang,
klinget die Erde entlang!

Klinget mit lieblichen Schalle
über die Meere noch weit,
dass sich erfreuen doch alle
seliger Weihnachtszeit!
Alle dann jauchzen mit frohem Gesang,
alle dann jauchzen mit frohem Gesang:
Glocken mit heiligem Klang,
klinget die Erde entlang!

Nussknacker

Nussknacker, du machst ein grimmig Gesicht –
Ich aber, ich fürchte vor dir mich nicht:
Ich weiß, du meinst es gut mit mir,
Drum bring' ich meine Nüsse dir.
Ich weiß, du bist ein Meister im Knacken:
Du kannst mit deinen dicken Backen
Gar hübsch die harten Nüsse packen
Und weißt sie vortrefflich aufzuknacken.
Nussknacker, drum bitt' ich dich, bitt' ich dich,
Hast bessere Zähn' als ich, Zähn' als ich,
O knacke nur, knacke nur immerzu!
Ich will dir zu Ehren
Die Kerne verzehren.
O knacke nur, knack knack knack! immerzu!
Ei, welch ein braver Kerl bist du!

Hoffmann von Fallersleben

Weihnachten in England

In England wird in der Vorweihnachtszeit das ganze Haus geschmückt. Dabei spielen Stechpalmen, Girlanden und Mistelzweige die Hauptrolle. Nach einer alten Tradition küsst man sich unter diesen Zweigen, denn die Misteln gelten als Symbol des Friedens und der Versöhnung. Ein schöner englischer Brauch ist es auch, die Weihnachtspost an einem Band zu befestigen und die bunten Karten quer durch das Zimmer oder über dem Kaminsims aufzuhängen.

Die drei Tage des eigentlichen Weihnachtsfestes werden in England ganz anders zugebracht als in Deutschland. Am 24. Dezember gibt es noch keine Geschenke. An diesem Tag wird das Essen für den nächsten Tag vorbereitet, und spätestens dann werden auch die Geschenke eingepackt.

Abends geht dann die Familie in die Kirche – das ist auch gut so, denn schließlich muss ja noch der Weihnachtsmann vorbeikommen. Dieser kommt irgendwann in der Nacht vom 24. zum 25. Dezember, eben dann, wenn er ungestört ist. Entweder klettert er durch den Kamin, oder er steigt durch ein Fenster ins Haus. Die Geschenke steckt er in die dafür aufgehängten Strümpfe.

Am Morgen des 25. Dezember ist es dann endlich so weit: Die Geschenke können ausgepackt werden. Und an diesem Tag findet das große Weihnachtsessen statt. Traditionellerweise gibt es Truthahn, der entweder mit Backpflaumen und Äpfeln gefüllt ist oder mit Hackfleisch und Brötchen. Als Nachtisch wird fast überall flambierter Plumpudding und Eierpunsch serviert.

Während das Weihnachtsessen in den meisten Ländern eher in besinnlicher Stimmung und ruhig verspeist wird, geht es in England hoch her. Häufig tragen alle Familienmitglieder lustige Papphütchen und zünden Knallfrösche.

Nachmittags um 15 Uhr hält die englische Königin wie jedes Jahr ihre Weihnachtsansprache. Hierzu versammelt sich meist die ganze Familie vor dem Fernseher.

Der 26. Dezember wird der „Boxing Day" genannt. Diese Bezeichnung ist von dem englischen Wort „box" abgeleitet, das man mit „Päckchen" oder auch „Schachtel" übersetzen kann. An diesem Tag verteilten früher die Adligen an ihre Hausangestellten Geschenke in Schachteln. Heutzutage feiert man in England am 26. Dezember mit Freunden oder Geschäftspartnern und geht häufig zum Essen in ein Restaurant.

Kapitel 9

O Weihnacht! Weihnacht! Höchste Feier!
Wir fassen ihre Wonne nicht.
Sie hüllt in ihre heil'gen Schleier
das seligste Geheimnis dicht.

Nikolaus Lenau

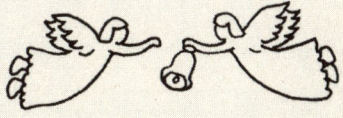

Der erste Schnee

Ans Fenster kommt und seht,
was heute vor sich geht:
Es kommt vom grauen Himmel
in dämmerndem Gewimmel
der erste Schnee herab.
Die Flocken, auf und ab
wie Schmetterlinge fliegen sie,
wie weiße Blätter wiegen sie
in leichten Lüften sich ...
Hurra! Wie freu ich mich!
Nun lasst uns gleich mal sehen,
wo unsere Schlitten stehen,
der große und der kleine,
der meine und der deine!
Mariechen, zieh den Mantel an!
Da draußen gibt es Schlittenbahn.

Heinrich Seidel

Ich wünsch mir was

Ich wünsch mir was!
Was ist denn das?
Das ist ein Schloss aus Marzipan
mit Türmen aus Rosinen dran
und Mandeln an den Ecken.
Ganz zuckersüß und braun gebrannt
und jede Wand aus Zuckerkand –
da kann man tüchtig schlecken!
Und Diener laufen hin und her
mit Saft und Marmelade,
und drinnen, in dem Schlosse drin,
sitzt meine Frau, die Königin –
die ist aus Schokolade!

Volksgut

Es ist ein Ros' entsprungen

Es ist ein Ros' entsprungen
aus einer Wurzel zart.
Wie uns die Alten sungen,
von Jesse kam die Art.
Und hat ein Blümlein bracht,
mitten im kalten Winter,
wohl zu der halben Nacht.

Das Blümlein, das ich meine,
davon Jesaia sagt,
hat uns gebracht alleine
Marie, die reine Magd.
Aus Gottes ew'gem Rat
hat sie ein Kind geboren
wohl zu der halben Nacht.

Das Blümelein so kleine,
das duftet uns so süß,
mit seinem hellen Scheine,
vertreibt's die Finsternis,
wahr' Mensch und wahrer Gott,
hilft uns aus allem Leide,
rettet von Sünd' und Tod.

Die Weihnachtsbäckerei

Mit Weihnachten sind immer auch bestimmte
Köstlichkeiten verbunden. Fast jede Familie hat
ihr spezielles Weihnachtsessen, das meist auch
nur zu diesem Fest zubereitet wird – dafür aber
jedes Jahr.

Ähnlich verhält es sich mit den süßen Backwaren,
zum Beispiel Christstollen, Plätzchen und
Lebkuchen, die es ausschließlich in der
Adventszeit und zu Weihnachten gibt.

Viele Plätzchen, zum Beispiel Vanillekipferl,
werden von Hand geformt. Andere werden
gespritzt, und bei einigen Sorten wird der Teig in
Scheiben geschnitten, zum Beispiel bei
Heidesand-Plätzchen. Man kann Plätzchen aber
auch ausmodeln, zum Beispiel Spekulatius.
Hierbei wird der Plätzchenteig in spezielle
Modelformen gepresst. Am beliebtesten sind
jedoch Plätzchen zum Ausstechen, die man
fantasievoll verzieren kann.

Viele weihnachtliche Backrezepte sind schon sehr
alt und haben bereits vor Jahrhunderten Kindern
und Erwachsenen die Weihnachtszeit versüßt.
Lebkuchen gab es bereits in der Antike, und auch
im Mittelalter wurde er gebacken – hauptsächlich

in Klöstern. Wegen der Gewürze, die im Lebkuchenteig verarbeitet werden, galt das Gebäck als äußerst gesund und wurde auch längst nicht nur in der Weihnachtszeit gegessen. Die Gewürze sind es auch, die dem Lebkuchen seinen anderen Namen gaben: Pfefferkuchen. Im Mittelalter war Pfeffer der Obergriff für verschiedenste Gewürze – und da im Lebkuchenteig von A wie Anis bis Z wie Zimt viele Gewürze enthalten sind, bekam der Lebkuchen seinen Namen. Ein anderer Name für Lebkuchen lautet Honigkuchen, denn der Teig wird nicht nur mit Zucker, sondern auch mit Honig gesüßt.

Das Weihnachtsgebäck mit der wohl ältesten Tradition in Deutschland ist jedoch der Christstollen. Bereits 1329 wird er zum ersten Mal urkundlich erwähnt, und zwar in Naumburg an der Saale. Erst gute 150 Jahre später taucht der Stollen in einer Dresdner Urkunde auf. Schon sehr früh wurden möglichst große Christstollen gebacken – so überbrachten ab dem Jahr 1560 sächsische Bäcker ihren Landesherren Stollen von 1,50 Meter Länge, die 18 Kilogramm schwer waren. Und 1730 ließ August der Starke einen Riesenstollen mit einem Gewicht von 1,8 Tonnen backen und in 24.000 Portionen schneiden!

Kapitel 10

Lieber guter Weihnachtsmann,
zieh die langen Stiefel an,
kämme deinen weißen Bart,
mach dich auf die Weihnachtsfahrt.
Komm doch auch in unser Haus,
packe die Geschenke aus.
Ach, erst das Sprüchlein wolltest du?
Ja, ich kann es, hör mal zu:
Lieber, guter Weihnachtsmann,
guck mich nicht so böse an.
Stecke deine Rute ein,
will auch immer artig sein!

Weihnacht

Ein „Weihnachtslied!" wie manches ward
   gesungen,
Seitdem der Stern ob Bethlehem verglüht!
Du kindlich reinste der Erinnerungen,
Wie ziehst du heute wieder durch's Gemüt,
Der Christbaum glänzt, das ist ein Flimmern,
   Leuchten,
Dem Kindesblick dehnt sich der Himmel weit,
Aus deinen Augen strahlt's, den wehmutfeuchten:
Das war die fröhlich-sel'ge Weihnachtszeit!

Auch das vorbei! Gelöscht die tausend Kerzen,
Die Christkinds weiße Hand zur Flamm' entfacht,
Manch neues Glück zog ein in deinem Herzen
Und schlich sich fort in zweifelsschwerer Nacht.
Nun lässt dein Auge neidlos andre springen,
Im Reigen jubeln um den Tannenbaum,
Das schönste Lied muss allgemach verklingen,
Als Weiser lächelst du: es war ein Traum!

Allüberall ist Weihnachtszeit auf Erden,
Und jeder Tag des Jahres hat sein Fest:
Wenn gute Taten noch geboren werden,
Noch glimmt von Menschenlieb' in dir ein Nest,
Hörst du's vom sternbesäten Himmel schallen
Wie Orgelbrausen, Glockenfestgeläut':
„Auf Erden Fried', am Menschen Wohlgefallen,
Der Heiland ist aufs Neu geboren heut!"

So mag das neu'ste Jahr gefasst uns finden,
Wir treten kühn durch seine Pforten ein;
Wie alle frühern wird es lösen, binden,
Dem Hölle nur, dem andern Himmel sein!
Doch in des Christnachtzaubers Dämmerweben,
Draus hell die Liebe strahlt im Lichtermeer,
Sei Festtags-Losung: Freude liegt im Geben!
Anrecht auf Glück hat alles um uns her!

Alfred Beetschen

Vom Himmel hoch, o Engel, kommt

Vom Himmel hoch, o Engel, kommt!
Eia, eia, susani, susani, susani!
Kommt, singt und springt, kommt pfeift und
   trommt!
Alleluja, alleluja!
Von Jesus singt und Maria!

Kommt ohne Instrumente nit,
Eia, eia, susani, susani, susani!
Bringt Lauten, Harfen, Geigen mit!
Alleluja, alleluja!
Von Jesus singt und Maria!

Lasst hören euer Stimmen viel,
Eia, eia, susani, susani, susani!
Mit Orgel- und mit Saitenspiel!
Alleluja, alleluja!
Von Jesus singt und Maria!

Hier muss die Musik himmlisch sein,
Eia, eia, susani, susani, susani!
Weil dies ein himmlisch Kindelein.
Alleluja, alleluja!
Von Jesus singt und Maria!

Die Stimmen müssen lieblich gehn,
Eia, eia, susani, susani, susani!
Und Tag und Nacht nicht stille stehn.
Alleluja, alleluja!
Von Jesus singt und Maria!

Sehr süß muss sein der Orgel Klang,
Eia, eia, susani, susani, susani!
Süß über allen Vogelsang.
Alleluja, alleluja!
Von Jesus singt und Maria!

Das Saitenspiel muss lauten süß,
Eia, eia, susani, susani, susani!
Davon das Kindlein schlafen muss.
Alleluja, alleluja!
Von Jesus singt und Maria!

Singt Fried den Menschen weit und breit,
Eia, eia, susani, susani, susani!
Gott Preis und Ehr in Ewigkeit!
Alleluja, alleluja!
Von Jesus singt und Maria!

Weihnachten in Frankreich

Ursprünglich wurden in Frankreich die Haupt-
geschenke vom Nikolaus verteilt, also meist in der
Nacht vom 5. zum 6. Dezember. Doch diesen
Brauch gibt es nicht mehr; der Nikolaus bringt in
Frankreich nur noch kleine Gaben, zumeist
Süßigkeiten. Heutzutage werden die Geschenke
am 25. Dezember verteilt. Der 24. Dezember gilt –
zumindest bis zum Abend – als ganz normaler
Arbeitstag. Auch die Kinder müssen in die Schule
gehen. Die meisten Geschäfte haben sogar bis 20
Uhr geöffnet.

Am Abend des 24. Dezember wird dann allerdings gut gegessen. Für viele bildet dieser „Réveil-
lon", also der große Festschmaus, den weihnacht-
lichen Höhepunkt. Dieser wird in Frankreich
übrigens auch gerne im Restaurant eingenom-
men. Doch ob zu Hause oder auswärts: In einem
Feinschmeckerland wie Frankreich kann das
Weihnachtsessen lange dauern und besteht selbstverständlich aus erlesenen Zutaten. Gebratener
und mit Maronen garnierter Truthahn oder
Kapaun, also ein Masthahn, gehören zu einem
klassischen Essen genauso dazu wie Gänseleber
und Austern zur Vorspeise. Eine opulente Käse-

platte folgt, und zum krönenden Abschluss gibt es kandierte Maronen und einen speziellen Weihnachtskuchen, den „Bûche de Noël". Dieser besteht aus Biskuit und Buttercreme und hat die Form eines Baumstammes.

Nach dem Essen geht es ausgelassen zu. Während in Deutschland Weihnachten eher ruhig und besinnlich zugebracht wird, ist es in Frankreich Tradition, am 24. mit Musik und Tanz zu feiern. Danach geht es mit der ganzen Familie in die Kirche. Vorher allerdings stellen die Kinder noch ihre Stiefel vor die Tür oder an den Kamin. Durch diesen steigt nämlich Père Noël, die französische Variante des Weihnachtsmanns. Der „Weihnachtsvater" – so die deutsche Übersetzung – wartet nur darauf, dass das Haus ruhig und leer ist. Auf seinem Rücken trägt er in einem großen Weidenkorb allerhand Geschenke, die er bei den Familien abliefert.

Am Morgen des 25. Dezember werden dann die Geschenke verteilt. Auch ein festliches Essen gehört an diesem Tag dazu. Der 26. Dezember, der ja in Deutschland immer noch ein traditioneller Weihnachtsfeiertag ist, wird in Frankreich nicht mehr begangen, sondern ist wieder ein ganz normaler Arbeitstag.

Wie der Fuchs den Bären
um das Weihnachtsessen prellte

Ein norwegisches Märchen

Der Bär und der Fuchs kauften einmal gemeinsam
Butter für das Weihnachtsessen und legten sie
unter einen dichten Busch. Dann gingen die beiden auf einen Hügel, um in der Sonne zu schlafen.
Nach einer ganzen Weile sprang der Fuchs plötzlich auf, rief „Ja" und lief geradewegs zu dem Topf
mit der Butter, von der er gut ein Drittel auffraß.

Als er auf den Hügel zurückkam, fragte ihn der
Bär, warum er denn ein Maul voller Fett habe. Da-
rauf sagte der Fuchs: „Glaubst du vielleicht, ich
würde nie zu Gevatter gebeten?" Da meinte der
Bär: „So, so! Wie heißt denn das Kleine?" Und der
Fuchs antwortete: „Angefangen."

Dann legten sich die beiden wieder schlafen.
Eine Weile verging, und der Fuchs sprang aber-
mals auf. „Ja", rief er und lief zu der Butter. Als
er zurückkam, fragte ihn der Bär, wo er denn gewesen sei. Der Fuchs antwortete: „Hast du nicht
gehört, dass ich wieder zu Gevatter gebeten
wurde?" Der Bär brummte: „Ach so? Und wie

heißt dieses Kind?" Und der Fuchs sagte: „Halb verzehrt."

Der Bär fand, dass dies ein hübscher Name sei. Es dauerte aber nicht lange, da gähnte er und schlief wieder ein. Eine Weile verging, und es passierte dasselbe wie bei den beiden vorigen Malen. Der Fuchs sprang auf, rief „Ja", lief zu der Butter und fraß auch den Rest auf. Als er zum Bären zurückkam, sagte er, dass er wieder bei einer Kindstaufe gewesen sei. Und als der Bär ihn fragte, welchen Namen das Kind bekommen habe, sagte der Fuchs: „Den-Boden-geleckt."

Daraufhin legten sich die beiden wieder hin und schliefen sehr lange. Als sie endlich aufwachten, wollten sie nach der Butter sehen. Da es aber nun so war, dass die ganze Butter aufgezehrt war, beschuldigte der Bär den Fuchs des Diebstahls, und der Fuchs beschuldigte den Bären. Jeder behauptete vom anderen, ein Betrüger zu sein, der den Freund im Schlaf bestohlen habe.

„Zum Glück lässt sich leicht feststellen, wer der Dieb ist", sagte schließlich der Fuchs. „Wir gehen wieder auf den Hügel und legen uns schlafen, und wer beim Aufwachen fett unter dem Schwanz ist, der ist der Dieb gewesen." Damit war der Bär einverstanden. Weil er wusste, dass er von der Butter nicht einmal gekostet hatte, legte er sich hin und schlief in aller Ruhe ein. Der Fuchs aber schlich zurück zu dem Topf, in dem die Butter gewesen war. Er kratzte die letzten Reste heraus, lief zurück zu dem Bären und schmierte sie ihm unter den Schwanz. Als wüsste er von nichts, legte er sich hin und schlief wieder ein. Als die beiden aufwachten, war die Butter unter dem Schwanz des Bären geschmolzen. Nun konnte niemand mehr daran zweifeln, wer die Butter gestohlen hatte.

Kapitel 11

Wenn sich erhellen ihre ersten Kerzen,
dann wandle hinaus zur stillen Nacht,
mit einem weihnachtlich gestimmten Herzen,
und harre, bis ihr Strahlenglanz erwacht.

Weihnachtslied

Lieblich wieder durch die Welt
geht die holde Kunde,
die den Hirten auf dem Feld
klang aus Engelsmunde.

Was den Hirten wurde kund,
blieb uns unverloren:
Wieder kündet Engelsmund,
dass uns Christ geboren.

Welch ein Glanz durchbricht die Nacht
in des Winters Mitte!
Welche Freude wird gebracht
in die ärmste Hütte!

Winters Nacht und Sorge weicht
hellem Jubel wieder,
und der Himmel wieder steigt
auf die Erde nieder.

Wenn die goldnen Sterne glüh'n
in des Himmels Ferne,
leuchten aus dem Tannengrün
auch viele gold'ne Sterne.

Haus an Haus mit hellem Schein
flammen auf die Kerzen,
durch die Augen fällt hinein
Licht auch in die Herzen.

Sei willkommen, Weihnachtslust,
kling empor im Liede!
Freude wohn in Menschenbrust,
auf der Erde Friede!

Johannes Trojan

Ave Maria

Ave Maria, gratia plena.
Ave Maria, gratia plena.
So grüßte der Engel die Jungfrau Maria,
da er von dem Herrn die Botschaft bracht.
Da er von dem Herrn die Botschaft bracht.

Siehe, du sollst einen Sohn empfangen.
Siehe, du sollst einen Sohn empfangen.
Danach trägt Himmel und Erde Verlangen,
dass du die Mutter des Herrn sollst sein.
Dass du die Mutter des Herrn sollst sein.

Engel, sag an, wie soll das nur werden.
Engel, sag an, wie soll das nur werden.
Da ich kein' Mann erkenne auf Erden,
in dieser Welt so weit und breit?
In dieser Welt so weit und breit?

Der Heilige Geist wird über dich kommen.
Der Heilige Geist wird über dich kommen.
Gleichwie der Tau kommt über die Blumen,
also will Gott geboren sein.
Also will Gott geboren sein.

Maria hört' des Höchsten Begehren.
Maria hört' des Höchsten Begehren.
Sie sprach: „Ich bin die Magd des Herrn,
nach deinem Wort geschehe mir.
Nach deinem Wort geschehe mir."

Nun woll'n wir danken, preisen und loben.
Nun woll'n wir danken, preisen und loben.
Den Herrn im Himmel so hoch da droben,
dass er uns all erlöset hat.
Dass er uns all erlöset hat.

Weihnachten in Schweden

In Schweden ist fast überall an Weihnachten der Julbock zu finden: entweder in den Vorgärten, als kleine Dekoration am Fenster oder unter dem Tannenbaum. „Jul" bedeutet „Weihnachten", und somit handelt es sich um einen „Weihnachtsbock".

Alle freuen sich auf den ersten Advent, mit dem die eigentliche Weihnachtszeit beginnt. Da es in dieser Zeit viel zu tun gibt, zum Beispiel Geschenke kaufen und verpacken, Julkuchen und Lussekatter backen und die Wohnung herrichten, freuen sich die Schweden, dass sie von den drei kleinen Hausgeistern, Tomtebisse, Tomte und Nisse, unterstützt werden. Diese nehmen ihnen Arbeit ab und sorgen dafür, dass alles gelingt und rechtzeitig fertig wird. Zur Belohnung aber muss am 24. Dezember eine Schüssel mit Milchbrei vor die Tür gestellt werden. Das darf auf keinen Fall vergessen werden, denn sonst können die Hausgeister ganz schön sauer werden.

Ein wichtiges Fest in der Vorweihnachtszeit ist der 13. Dezember, das Luziafest, an dem der heiligen Luzia gedacht wird. Diese half vor vielen Jahrhunderten den verfolgten Christen, die sich in

116

dunklen Katakomben versteckt hielten. Sie brachte ihnen etwas zu essen und zu trinken. Damit sie in der Dunkelheit etwas sah, trug sie eine Krone mit brennenden Kerzen auf ihrem Kopf. Noch heute verkleiden sich die ältesten Töchter vieler Familien als Luzia und wecken die anderen im Haus mit einem leckeren Frühstück.

Der mit Abstand wichtigste Tag in Schweden ist aber der 24. Dezember. Der Tannenbaum steht dann meist schon einige Tage lang geschmückt mitten im Zimmer. Die Geschenke werden aber nicht wie bei uns unter den Baum gelegt, sondern nach Sitte des „Julklapp" verteilt. Und das geht so: Der Schenkende klopft an die Zimmertür und wirft dann das Weihnachtsgeschenk hinein. Dabei achtet er darauf, dass er nicht gesehen wird. Das Geschenk ist möglichst lustig verpackt, und es liegen auch oft selbst gedichtete Reime dabei, die den Beschenkten aufs Korn nehmen. Dieser muss dann raten, von wem das Geschenk wohl stammt.

Am 25. Dezember gehen die Familien vormittags in die Kirche. Während der ganzen Weihnachtszeit wird natürlich auch in Schweden mit typischen Gerichten geschlemmt und geschmaust, zum Beispiel mit Weihnachtsschinken und spezieller Weihnachtslimonade für Kinder.

Apfellichter

Material
Äpfel
Apfelausstecher
Kerzen
Tannenzweige

1. Die Äpfel polieren, damit sie schön glänzen.
   Mit dem Apfelausstecher senkrecht ein Loch
   in die Mitte des Apfels stechen.
2. In dieses Loch eine Kerze stecken. Sollte es zu
   groß geworden sein, kann man etwas Alufolie
   um die Kerze wickeln. Zu der Kerze einen
   kleinen Tannenzweig in den Apfel stecken.
   Fertig ist eine schöne Tischdekoration!

Kapitel 12

Weihnachten

Liebeläutend zieht durch Kerzenhelle,
Mild, wie Wälderduft, die Weihnachtszeit,
Und ein schlichtes Glück streut auf die Schwelle
Schöne Blumen der Vergangenheit.

Hand schmiegt sich an Hand im engen Kreise,
Und das alte Lied von Gott und Christ
Bebt durch Seelen und verkündet leise,
Dass die kleinste Welt die größte ist.

Joachim Ringelnatz

Weihnachten

Zwar ist das Jahr an Festen reich,
Doch ist kein Fest dem Feste gleich,
Worauf wir Kinder Jahr aus Jahr ein
Stets harren in süßer Lust und Pein.

O schöne, herrliche Weihnachtszeit,
Was bringst du Lust und Fröhlichkeit!
Wenn der heilige Christ in jedem Haus
Teilt seine lieben Gaben aus.

Und ist das Häuschen noch so klein,
So kommt der heilige Christ hinein,
Und Alle sind ihm lieb wie die Seinen,
Die Armen und Reichen, die Großen und Kleinen.

Der heilige Christ an Alle denkt,
Ein Jedes wird von ihm beschenkt.
Drum lasst uns freu'n und dankbar sein!
Er denkt auch unser, mein und dein.

Hoffmann von Fallersleben

A B C, die Katze lief im Schnee ...

A B C, die Katze lief im Schnee,
und als sie dann nach Hause kam,
da hatt' sie weiße Stiefel an.
O jemine, o jemine,
die Katze lief im Schnee.

A B C, die Katze lief zur Höh!
Sie leckt ihr kaltes Pfötchen rein
und putzt sich auch die Stiefelein
und ging nicht mehr, und ging nicht mehr,
ging nicht mehr in den Schnee.

Macht hoch die Tür, die Tor macht weit

Macht hoch die Tür, die Tor macht weit,
es kommt der Herr der Herrlichkeit,
ein König aller Königreich,
ein Heiland aller Welt zugleich,
der Heil und Leben mit sich bringt;
derhalben jauchzt, mit Freuden singt:
Gelobet sei mein Gott,
mein Schöpfer, reich von Rat.

Er ist gerecht, ein Helfer wert,
Sanftmütigkeit ist sein Gefährt,
sein Königskron ist Heiligkeit,
sein Zepter ist Barmherzigkeit;
all unsre Not zum End er bringt,
derhalben jauchzt, mit Freuden singt:
Gelobet sei mein Gott,
mein Heiland groß von Tat.

O wohl dem Land, o wohl der Stadt,
so diesen König bei sich hat.
Wohl allen Herzen insgemein,
da dieser König ziehet ein.
Er ist die rechte Freudensonn,
bringt mit sich lauter Freud und Wonn.
Gelobet sei mein Gott,
mein Tröster früh und spat.

Macht hoch die Tür, die Tor macht weit,
eu'r Herz zum Tempel zubereit'.
Die Zweiglein der Gottseligkeit
steckt auf mit Andacht, Lust und Freud;
so kommt der König auch zu euch,
ja, Heil und Leben mit zugleich.
Gelobet sei mein Gott,
voll Rat, voll Tat, voll Gnad.

Komm, o mein Heiland Jesu Christ,
meins Herzens Tür dir offen ist.
Ach zieh mit deiner Gnade ein,
dein Freundlichkeit auch uns erschein.
Dein Heilger Geist uns führ und leit
den Weg zur ewgen Seligkeit.
Dem Namen dein, o Herr,
sei ewig Preis und Ehr!

Luise Büchner

Die Geschichte vom Tannenbäumchen

„Tante Luise", sagte am andern Abend Mathildchen, „was erzählst du uns denn heute für eine
Geschichte? Weißt du denn noch etwas?"

„Ja freilich weiß ich noch etwas, hört mir nur zu!"

„Ach, Tante", sagte das Mathildchen wieder,
„es dauert doch gar zu lange, bis das Christkind
kommt, ich kann es kaum noch aushalten und
werde ganz ungeduldig."

„Ungeduldig? Das musst du dir vergehen lassen.
Höre nur, wie geduldig das Tannenbäumchen war
und wie es stille wartete, bis seine Zeit kam, denn
die Geschichte, die ich heut erzähle, kommt in
unserm Garten vor!"

Die Kinder stützten ihre kleinen Ellenbogen
auf der Tante Knie und sie begann:

„Es war einmal ein schöner großer Garten, in
dem standen eine Menge Bäume, welche alle
Früchte trugen. Auf dem einen wuchsen Kirschen,
auf dem andern Birnen, auf dem dritten Äpfel
und so fort, aber bei allen gab es etwas zu naschen,
und die Kinder, die in dem schönen Garten wohn-
ten, hatten die Bäume sehr lieb.

Nun war es wieder einmal Frühling, und der Garten stand da in seinem schönsten Schmucke. Die Kirschbäume waren anzusehen, als wären sie mit Zucker bestreut, die Pfirsiche hatten rosenrote Blüten wie der Abendhimmel, und die Apfelbäume waren mit weißen Röslein ganz überschüttet.

Da war kein Strauch und kein Bäumchen auch noch so klein, welches nicht eine Blütenflocke oder ein lichtes, saftgrünes Blättchen aufzuweisen hatte, und wenn dann die liebe Sonne so drüber hin schien, war der Garten gar zu lieblich anzusehen. Aber mitten drinnen in all der Pracht stand ein kleiner Baum, für den schien kein Frühling gekommen zu sein, denn starr und dunkelgrün streckten seine Nadeln sich hinaus, und auch nicht die kleinste weiße oder rote Blüte war daran aufzufinden.

Das Bäumlein aber war trotz seiner Armut ganz zufrieden, beklagte sich nicht, und kam manchmal im Vorüberfliegen ein Vöglein seinem Wipfel nahe und ruhte sich darauf aus, so freute es sich wie die andern Bäume an dessen Gezwitscher und dachte nicht daran, wie unscheinbar es neben ihnen aussah.

Aber das ärgerte die schön geputzten Bäume, und ein hochmütiger Kirschbaum fing auf einmal an und sprach: „Es ist ein rechts Glück, wenn man hübsch aussieht und auch zu etwas gut ist in der Welt! Was habe ich jetzt für feine weiße Blüten, und wenn diese abgefallen sind, dann kommen die frischen grünen Blätter und zuletzt die prächtigen roten Kirschen, an denen die kleinen und großen Leute ihr Vergnügen haben. Ach, wie froh bin ich, dass ich nicht so ein einfältiger Tannenbaum geworden bin wie derjenige hier neben mir, der doch zu nichts auf der Welt gut ist, als um uns den Platz zu versperren!"

„Du hast recht", rief ein stattlicher Birnbaum, „dein Nachbar ist mehr als überflüssig im Vergleich zu uns. Von meinen saftigen Birnen will ich noch gar nicht reden, aber welchen prächtigen Schatten gebe ich in der Hitze den lieben Kindern, die sich auf der Bank unter meinem Blätterdache ausruhen. Nicht einmal vor der Sonne vermag der einfältige Tannenbaum zu schützen."

„Ja, ja", fing nun ein dicker Apfelbaum an, „mit uns kann sich der arme Tropf freilich nicht messen. Was mich aber am meisten verdrießt, dies ist, dass man die langen Zapfen, welche der Herbstwind von ihm herunterschüttelt und die weder für Mensch noch Tier genießbar sind, Tannäpfel nennt, als ob sie auch nur die entfernteste

Ähnlichkeit mit meinen schmackhaften Früchten hätten; es ist wirklich zu arg!"

Dabei schüttelte der alte Herr sein Haupt so gewaltig, dass dicke Blütenflocken zur Erde fielen und einzelne an den Nadeln des armen Tannenbäumchens hängen blieben.

„Seht, wie er sich jetzt auch noch mit fremden Federn schmückt!", schrie ein naseweiser junger Pflaumenbaum. „Der Unverschämte, er glaubt, weil er spitzen Nadeln habe, dürfe er uns trotzen!"

Und nun fingen alle Bäume zugleich an, auf die arme Tanne zu schelten, und lobten dabei unaufhörlich ihre eigenen Früchte sowie den Nutzen, den diese brächten. Selbst die Johannis- und Stachelbeerbüsche blieben nicht still, und niemand wollte dem bescheidenen Tannenbäumchen das mindeste Gute zuerkennen.

Drüben über dem Bach war ein Wald voll schöner Buchen und Eichen; auch diese fingen an mitzuspotten und sich hervorzutun. Eine dicke Buche überschrie zuletzt alle und rief: „Wenn wir auch keine so süßen Früchte tragen wie der liebe Kirschbaum und der vortreffliche Apfelbaum, so sind wir doch gleichfalls von dem allergrößten Nutzen. Im Sommer geben wir kühlen, prächtigen Schatten, und im Winter heizen wir die Zimmer ein, wenn es draußen stürmt und schneit, denn wir haben gutes, festes Holz, aber selbst das Holz der hässlichen Tanne ist elendes Zeug, macht schwarz und rußig und gibt keine Wärme. Nebenbei sind unsre kleinen Früchte auch gar nicht zu verachten; die Bucheckern glänzen zwar äußerlich nicht durch ihre Schönheit, aber man presst gutes, fettes Öl daraus, in dem man Pfannkuchen und Kräppeln backen kann, die sehr gut zu den gekochten Kirschen und Pflaumen schmecken!"

„Nun, bist du bald fertig?", fing eine Eiche neben ihr an. „Du tust, als ob du der erste Baum im Walde wärest. Mich lasse reden. Ich bin die deutsche Eiche und ein poetischer Baum. Wo es irgendein Fest gibt, macht man aus meinen Blättern Kränze, ich komme in Millionen Gedichten vor, und mein Laub wird überall hingestickt, in Gold, Seide und Perlen. Was nun den Nutzen betrifft, so ist der meinige ohne Widerrede der bedeutendste. Mit meinen Eicheln mästet man Schweine, und es gibt verständige Leute genug, die essen lieber ein gutes Stück Schweinebraten als Kirschen und Birnen und wie all das süße, kraftlose Zeug heißt, mit dem ihr so gewaltig großtut!"

Nachdem die Eiche dies gesprochen hatte, fächelte sie sich mit ihren Zweigen, hob stolz den

128

Wipfel empor und sah sich um, als wolle sie fragen: Wagt es noch jemand, etwas zu sagen?"

Wahrhaftig, die deutsche Eiche hatte mehr Mut als gewöhnlich ein deutscher Mensch. Die anderen Bäume blieben auch ganz still, und keiner muckte, bis endlich eine schlanke grüne Linde sich zu regen begann und leise säuselte: „Ei, ei, ihr lieben Freunde! Am Ende bin ich doch noch die wichtigste von euch allen, wenn meine Blüte auch sehr klein und unscheinbar und fast nur durch ihren süßen Duft bemerkbar ist. Aber man bereitet guten, lindernden Tee daraus, und haben die kleinen Leute zu viel von dem guten Obst gegessen und davon Leibschneiden bekommen und sind die großen zu lange unter den Buchen und Eichen herumgeschwärmt, sodass sie sich den Schnupfen geholt, dann muss sie dieser gesund machen, damit sie wieder von vorn anfangen können."

Als die kluge Linde schwieg, nickten die anderen Bäume und lachten, denn sie waren der schönen Linde alle gut, nur die Eiche brummte etwas in sich hinein von „dumm und albern!", aber sonst blieb alles ruhig.

Das arme Tannenbäumchen hatte die ganze Zeit über zitternd und schweigend dagestanden, doch nun suchte es die allgemeine Stille zu benutzen, um auch ein Wörtchen der Verteidigung zu sagen. Ganz leise und schüchtern fing es an: „Ach, ihr lieben Bäume, ich weiß wohl, dass ihr mich als den schlechtesten von euch allen betrachtet, aber so ganz nutzlos und überflüssig bin ich doch auch nicht, wenn ich auch weniger schön geschmückt bin als ihr. Aus meinem Holze kann man Häuser und Schiffe bauen, und mit den Tannenzapfen machen die Leute ihr Feuer an, auch –"

„Ha! ha! ha!", schallte es da aus allen Ecken und Enden. „Ha, ha, ha! Hört doch das dumme Ding! Wenn es nur lieber ganz geschwiegen hätte. Mit Hobelspänen kann man Feuer machen, als ob das ein Verdienst wäre. Ha, ha, ha!"

Und die Bäume bogen und neigten sich und wollten sich bald totlachen, und der dicke Apfelbaum verlor noch manche weiße Blüte in seiner großen Lustigkeit. Endlich ging die Sonne unter; die Vögel suchten ihr grünes Quartier auf und wollten ihre Ruhe haben, so wurden die Schwätzer dann stiller, und als der goldne Mond langsam heraufstieg, lag alles im tiefsten Frieden.

Nur ein Bäumchen konnte nicht ruhen und schlafen, das war das Tannenbäumchen. Es war so

betrübt, dass es gern bittere Tränen vergossen hätte, wenn es ein Mensch und kein Baum gewesen wäre. Ach, es konnte sich gar nicht zufriedengeben und wünschte sich auch weiche, flatternde Blätter und süße Früchte, damit es niemand mehr verspotten dürfte. Wie es nun so dastand in seiner Betrübnis, da ward es auf einmal vor ihm ganz helle und licht, und wie aus der Erde gewachsen, schwebte auf dem grünen Rasen ein wunderschöner Engel. Der hatte ein langes schneeweißes Gewand, weiße Flügel an den Schultern, auf dem Kopfe trug er einen Kranz von den schönsten Rosen, und darüber hin hing ein langer Schleier, der glänzte wie gesponnenes Silber."

Kapitel 13

Weihnacht – Nächte heller Kerzen
und der Kinderseligkeit!
Und so wünsche ich von ganzem Herzen
eine strahlend schöne, besinnliche Zeit!

Stille Nacht, heilige Nacht

Stille Nacht, heilige Nacht!
Alles schläft, einsam wacht
nur das traute hochheilige Paar;
holder Knabe im lockigen Haar,
schlaf in himmlischer Ruh,
schlaf in himmlischer Ruh!

Stille Nacht, heilige Nacht!
Hirten erst kundgemacht
durch der Engel Halleluja,
tönt es laut von fern und nah:
Christ, der Retter, ist da,
Christ, der Retter, ist da!

Stille Nacht, heilige Nacht!
Gottes Sohn, o wie lacht
Lieb aus deinem göttlichen Mund,
da uns schlägt die rettende Stund,
Christ, in deiner Geburt,
Christ, in deiner Geburt!

Geschichte eines Pfefferkuchenmannes

Es war einmal ein Pfefferkuchenmann,
von Wuchse so groß und mächtig,
und was seinen innern Wert betraf,
so sagte der Bäcker: „Prächtig."

Auf dieses glänzende Zeugnis hin
erstand ihn der Onkel Heller
und stellte ihn seinem Patenkind,
dem Fritz, auf den Weihnachtsteller.

Doch kaum war mit dem Pfefferkuchenmann
der Fritz ins Gespräch gekommen,
da hatte er schon – aus Höflichkeit –
die Mütze ihm abgenommen.

Als schlafen ging der Pfefferkuchenmann,
da bog er sich krumm vor Schmerze:
An der linken Seite fehlte fast ganz
sein stolzes Rosinenherze!

Als Fritz tags drauf den Pfefferkuchenmann
besuchte, ganz früh und alleine,
da fehlten, o Schreck, dem armen Kerl
ein Arm schon und beide Beine!

Und wo einst saß am Pfefferkuchenmann
die mächt'ge Habichtsnase,
da war ein Loch! Und er weinte still
eine bräunliche Sirupblase.

Von nun an nahm der Pfefferkuchenmann
ein reißendes, schreckliches Ende:
Das letzte Stückchen kam schließlich durch
   Tausch
in Schwester Margretchens Hände.

Die kochte als sorgfältige Hausfrau draus
für ihre hungrige Puppe
auf ihrem neuen Spiritusherd
eine kräftige, leckere Suppe.

Und das geschah dem Pfefferkuchenmann,
den einst so viele bewundert
in seiner Schönheit bei Bäcker Schmidt,
im Jahre neunzehnhundert.

Jean Paul

Der Tannenbaum

Die Geschichte des Tannenbaums ist voller Überraschungen. Das beginnt schon damit, dass die Tradition dieses besonderen Baums längst nicht so alt ist, wie man vielleicht denkt. Urkundlich erwähnt ist er erst seit rund 500 Jahren. Genau genommen war es das Jahr 1539, als im Straßburger Münster ein Tannenbaum zur Weihnachtszeit aufgestellt wurde. Die zweite große Überraschung: Eigentlich geht der Tannenbaum auf heidnische Bräuche zurück und hat gar nichts mit dem christlichen Weihnachten zu tun.

Schon in vielen antiken Kulturen holten sich die Menschen in den Wintermonaten immergrüne Zweige, Äste oder Pflanzen ins Haus. Diese symbolisierten Lebenskraft und Gesundheit – denn genau das wünschte man sich für sich und seine Familie. Dann, vor rund 500 Jahren, begannen Christen damit, immergrüne Tannen oder Fichten ins Haus zu holen und diese prächtig zu schmücken. Da die Bäume aber selten und kostbar waren – sie wurden ja noch nicht in solchen Mengen gepflanzt wie heutzutage –, konnten sich nur die wenigsten Menschen einen Tannenbaum leis-

ten. So kam es in der Zeit vor Weihnachten zu Plünderungen in den Wäldern. Da diese oft im Besitz der Kirche waren, versuchten Priester und Bischöfe, diesem Treiben Einhalt zu gebieten – jedoch ohne Erfolg, wie wir heute wissen, denn der Brauch des Tannenbaums verbreitete sich ab dem 19. Jahrhundert von Deutschland aus in der ganzen Welt.

Klassischer Schmuck für den Tannenbaum sind bunte Glaskugeln und eine schöne, reich verzierte Glasspitze. Viele Jahrhunderte lang war glitzerndes Lametta sehr beliebt, das den Schnee symbolisieren soll – allerdings sieht man es heutzutage seltener.

Kerzen dürfen am Baum auf keinen Fall fehlen. Oft sind diese mittlerweile durch elektrische ersetzt. Das sieht zwar nicht so schön aus, ist aber viel sicherer.

Was kommt sonst noch an den Baum? Natürlich Süßigkeiten, zum Beispiel Tannenzapfen aus Schokolade oder Zuckerstangen. Auch Strohsterne, Schleifen und kleine Engel dürfen nicht fehlen.

Wie so vieles ist auch der Christbaumschmuck Moden unterworfen. Mittlerweile gibt es eine Fülle an Figuren, Farben und Ideen, um den

Christbaum so zu gestalten, wie man es am schönsten findet.

Traditionell wird der Tannenbaum erst am 24. Dezember geschmückt und nach dem Dreikönigsfest am 6. Januar abgeschmückt. Heutzutage schmücken aber viele Familien den Baum schon früher, am 2. oder 3. Advent, damit sie sich länger daran erfreuen können.

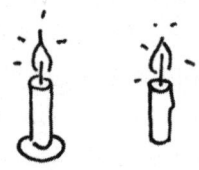

E. T. A. Hoffmann

Der Weihnachtsabend

Am 24. Dezember durften die Kinder des Medizi-
nalrats Stahlbaum den ganzen Tag über durchaus
nicht in die Mittelstube hinein, viel weniger in
das daranstoßende Prunkzimmer. In einem Winkel des Hinterstübchens zusammengekauert saßen
Fritz und Marie, die tiefe Abenddämmerung war
eingebrochen, und es wurde ihnen recht schaurig
zumute, als man, wie es gewöhnlich an dem Tage
geschah, kein Licht hereinbrachte. Fritz entdeckte
ganz insgeheim wispernd der jüngeren Schwester
(sie war eben erst sieben Jahre alt geworden), wie
er schon seit frühmorgens es habe in den ver-
schlossenen Stuben rauschen und rasseln und
leise pochen hören. Auch sei nicht längst ein kleiner dunkler Mann mit einem großen Kasten unter
dem Arm über den Flur geschlichen, er wisse aber
wohl, dass es niemand anders gewesen als Pate
Drosselmeier.

Da schlug Marie die kleinen Händchen vor
Freude zusammen und rief: „Ach, was wird nur
Pate Drosselmeier für uns Schönes gemacht
haben."

Der Obergerichtsrat Drosselmeier war gar kein hübscher Mann, nur klein und mager, hatte viele Runzeln im Gesicht, statt des rechten Auges ein großes schwarzes Pflaster und auch gar keine Haare, weshalb er eine sehr schöne weiße Perücke trug, die war aber von Glas und ein künstliches Stück Arbeit. Überhaupt war der Pate selbst auch ein sehr künstlicher Mann, der sich sogar auf Uhren verstand und selbst welche machen konnte.

Wenn daher eine von den schönen Uhren in Stahlbaums Hause krank war und nicht singen konnte, dann kam Pate Drosselmeier, nahm die Glasperücke ab, zog sein gelbes Röckchen aus, band eine blaue Schürze um und stach mit spitzen Instrumenten in die Uhr hinein, sodass es der kleinen Marie ordentlich wehetat, aber es verursachte der Uhr gar keinen Schaden, sondern sie wurde viel mehr wieder lebendig und fing gleich an, recht lustig zu schnurren, zu schlagen und zu singen, worüber denn alles große Freude hatte. Immer trug er, wenn er kam, was Hübsches für die Kinder in der Tasche, bald ein Männlein, das die Augen verdrehte und Komplimente machte, welches komisch anzusehen war, bald eine Dose, aus der ein Vöglein heraushüpfte, bald was anderes.

Aber zu Weihnachten, da hatte er immer ein schönes künstliches Werk verfertigt, das ihn viel Mühe gekostet, weshalb es auch, nachdem es einbeschert worden, sehr sorglich von den Eltern aufbewahrt wurde.

„Ach, was wird nur Pate Drosselmeier für uns Schönes gemacht haben?", rief nun Marie. Fritz meinte aber, es könne wohl diesmal nichts anders sein als eine Festung, in der allerlei sehr hübsche Soldaten auf- und abmarschierten und exerzierten, und dann müssten andere Soldaten kommen, die in die Festung hineinwollten, aber nun schössen die Soldaten von innen tapfer heraus mit Kanonen, dass es tüchtig brauste und knallte.

„Nein, nein", unterbrach Marie den Fritz, „Pate Drosselmeier hat mir von einem schönen Garten erzählt, darin ist ein großer See, auf dem schwimmen sehr herrliche Schwäne mit goldenen Halsbändern herum und singen die hübschesten Lieder. Dann kommt ein kleines Mädchen aus dem Garten an den See und lockt die Schwäne heran und füttert sie mit süßem Marzipan."

„Schwäne fressen kein Marzipan", fiel Fritz etwas rau ein, „und einen ganzen Garten kann Pate Drosselmeier auch nicht machen. Eigentlich haben wir wenig von seinen Spielsachen. Es wird uns ja alles gleich wieder weggenommen, da ist mir denn doch das viel lieber, was uns Papa und Mama einbescheren, wir behalten es fein und können damit machen, was wir wollen."

Nun rieten die Kinder hin und her, was es wohl diesmal wieder geben könne. Marie meinte, dass Mamsell Trutchen (ihre große Puppe) sich sehr verändere, denn ungeschickter als jemals fiele sie jeden Augenblick auf den Fußboden, welches ohne garstige Zeichen im Gesicht nicht abginge, und dann sei an Reinlichkeit in der Kleidung gar nicht mehr zu denken. Alles tüchtige Ausschelten helfe nichts. Auch habe Mama gelächelt, als sie sich über Gretchens kleinen Sonnenschirm so gefreut. Fritz versicherte dagegen, ein tüchtiger Fuchs fehle seinem Marstall durchaus, sowie seinen Truppen gänzlich an Kavallerie, das sei dem Papa recht gut bekannt.

So wussten die Kinder wohl, dass die Eltern ihnen allerlei schöne Sachen eingekauft hatten, die sie nun aufstellten, es war ihnen aber auch gewiss, dass dabei der liebe heilige Christ mit gar freundlichen frommen Kinderaugen hineinleuchte und dass, wie von segensreicher Hand berührt, jede Weihnachtsgabe herrliche Lust bereite wie keine andere. Daran erinnerte die

142

Kinder, die immerfort von den zu erwarteten Geschenken wisperten, ihre älter Schwester Luise, hinzufügend, dass es nun aber auch der heilige Christ sei, der durch die Hand der lieben Eltern den Kindern immer das beschere, was ihnen wahre Freude und Lust bereiten könne, das wisse er viel besser als die Kinder selbst, die müssten daher nicht allerlei wünschen und hoffen, sondern still und fromm erwarten, was ihnen beschert worden.

Die kleine Marie wurde ganz nachdenklich, aber Fritz murmelte vor sich hin: „Einen Fuchs und Husaren hätt' ich nun einmal gern."

Es war ganz finster geworden. Fritz und Marie, fest aneinandergerückt, wagten kein Wort mehr zu reden, es war ihnen, als rausche es mit linden Flügeln um sie her und als ließe sich eine ganz ferne, aber sehr herrliche Musik vernehmen. Ein heller Schein streifte an der Wand hin, da wussten die Kinder, dass nun das Christkind auf glänzenden Wolken fortgeflogen zu andern glücklichen Kindern.

In dem Augenblick ging es mit silberhellem Ton: Klingling, klingling. Die Türen sprangen auf, und solch ein Glanz strahlte aus dem großen Zimmer hinein, dass die Kinder mit lautem Ausruf:

„Ach! Ach!", wie erstarrt auf der Schwelle stehen blieben. Aber Papa und Mama traten in die Türe, fassten die Kinder bei der Hand und sprachen: „Kommt doch nur, kommt doch nur, ihr lieben Kinder, und seht, was euch der Heilige Christ beschert hat."

Kapitel 14

Lieber Weihnachtsmann,
zünd die Lichtlein an
an dem Tannenbaum
mit Gold und Silberschaum.
Nüsse und Konfekt,
hab ich schon entdeckt.

Weihnachten

Bäume leuchtend, Bäume blendend,
Überall das Süße spendend,
In dem Glanze sich bewegend,
Alt und junges Herz erregend –
Solch ein Fest ist uns bescheret,
Mancher Gaben Schmuck verehret;

Staunend schaun wir auf und nieder,
Hin und her und immer wieder.

Aber, Fürst, wenn dir's begegnet
Und ein Abend so dich segnet,
Dass als Lichter, dass als Flammen
Vor dir glänzten allzusammen.
Alles, was du ausgerichtet,
Alle, die sich dir verpflichtet:
Mit erhöhten Geistesblicken
Fühltest herrliches Entzücken.

Johann Wolfgang Goethe

Vom Himmel hoch, da komm ich her

Vom Himmel hoch, da komm ich her,
ich bring euch gute, neue Mär,
der guten Mär bring ich so viel,
davon ich sing'n und sagen will.

Euch ist ein Kindlein heut geborn
von einer Jungfrau auserkorn,
ein Kindelein, so zart und fein,
das soll eu'r Freud und Wonne sein.

Es ist der Herr Christ, unser Gott,
der will euch führn aus aller Not,
er will eu'r Heiland selber sein,
von allen Sünden machen rein.

Lob, Ehr sei Gott im höchsten Thron,
der uns schenkt seinen ein'gen Sohn;
des freuet sich der Engel Schar
und singet uns solch neues Jahr!

Weihnachten in Dänemark

Im Norden Europas gibt es besonders viele Wichtel. Sie tauchen in unzähligen Sagen und Märchen auf – und sogar im Fernsehen. In den Serien, die mittlerweile fest zur Adventszeit gehören, müssen Wichtel meist das Weihnachtsfest retten. Darüber amüsieren sich Erwachsene genauso wie Kinder. Auch in der Weihnachtsdekoration wimmelt es nur so von Wichteln.

Überhaupt gilt die dänische Weihnachtsdekoration als besonders schön und wird häufig selbst gebastelt. Im Norden sind die Wintertage ja bekanntlich sehr dunkel, und so freuen sich die Dänen ganz besonders über das erste Licht auf dem Adventskranz. Beliebt ist auch ein Kalenderlicht, das vom 1. bis zum 24. Dezember weihnachtliche Motive erstrahlen lässt. Oft wird dieses Licht in der Küche aufgestellt, wo die ganze Familie viel Zeit verbringt.

Auch in Dänemark ist das Luziafest von großer Bedeutung. Kitas und Schulen feiern das Fest mit einer Prozession. Das Mädchen, das die Luzia verkörpert, trägt ein langes weißes Kleid und auf ihrem Kopf einen Lichterkranz. Ihr folgen kleinere Kinder, die ebenfalls in Weiß gekleidet sind.

148

Nach dem Umzug gibt es das Luziabrot, ein köstliches Hefegebäck.

Der 23. Dezember wird „Lillejuleaften", also „kleiner Heiliger Abend", genannt. Die Vorbereitungen für das Weihnachtsfest laufen dann auf Hochtouren. Häufig wird an diesem Tag der Tannenbaum geschmückt – meist mit Papierherzen und kleinen dänischen Fähnchen.

Am 24. gehen viele Dänen bereits am Tag in die Kirche, sodass der gesamte Abend zu Hause verbracht wird. Meist kommt dann ein großer Braten von Gans, Ente, Pute oder Schwein auf die Tafel. Dazu wird Rotkohl serviert und gekochte Kartoffeln, die man in der Pfanne mit etwas Zucker anbrät.

Als Nachtisch gibt es Reispudding mit Kirschsauce. In einer Portion ist eine ganze Mandel versteckt. Der Glückliche, der diese findet, bekommt ein kleines Geschenk.

Nach dem Essen werden Weihnachtslieder gesungen, die Kerzen am Tannenbaum entzündet und die Geschenke verteilt. Die bringt nach dänischer Tradition aber weder das Christkind noch der Weihnachtsmann, sondern der Julemand, der von vielen kleinen Wichteln, den sogenannten Nissen, unterstützt wird.

Wie in Schweden gibt es in Dänemark die Tradition, die Wichtel für ihre tatkräftige Hilfe zu belohnen und ihnen eine Schüssel mit süßem Griesbrei auf den Dachboden zu stellen – schließlich möchte man die kleinen Helfer nicht gegen sich aufbringen!

Nuss-Geschenk

Material
Walnüsse
Klebstoff
Geschenkband (1/2 cm breit)
weißes Papier
Buntstifte
Silberdraht

1. Eine Walnuss knacken und leeren. Dabei darauf achten, dass die beiden Hälften ganz bleiben. Ein kleines Geschenk hineinlegen. Die Ränder der Nusshälften mit Klebstoff bestreichen und wieder zusammenkleben.
2. Ein Stück Geschenkband um die Nuss legen und an der Oberseite zu einer Schleife binden.
3. Aus dem weißen Papier einen schmalen Streifen schneiden. Mit den Buntstiften den Namen desjenigen daraufschreiben, der die Nuss bekommen soll.
4. Ein Stück Silberdraht durch den Papierstreifen stechen und diesen an der Schleife befestigen.

Kapitel 15

Und wieder nun lässt aus dem Dunkeln
die Weihnacht ihre Sterne funkeln!
Die Engel im Himmel hört man sich küssen
und die ganze Welt riecht nach Pfeffernüssen.

Arno Holz

Der Traum

Ich lag und schlief, da träumte mir
Ein wunderschöner Traum:
Es stand auf unserm Tisch vor mir
Ein hoher Weihnachtsbaum.

Und bunte Lichter ohne Zahl,
Die brannten ringsumher,
Die Zweige waren allzumal
Von goldnen Äpfeln schwer.

Und Zuckerpuppen hingen dran:
Das war mal eine Pracht!
Da gab's, was ich nur wünschen kann
Und was mir Freude macht.

Und als ich nach dem Baume sah
Und ganz verwundert stand,
Nach einem Apfel griff ich da,
Und alles, alles schwand.

Da wacht' ich auf aus meinem Traum,
Und dunkel war's um mich:
Du lieber schöner Weihnachtsbaum,
Sag an, wo find' ich dich?

Da war es just, als rief' er mir:
„Du darfst nur artig sein,
Dann steh' ich wiederum vor dir –
Jetzt aber schlaf nur ein!

Und wenn du folgst und artig bist,
Dann ist erfüllt dein Traum,
Dann bringet dir der heil'ge Christ
Den schönsten Weihnachtsbaum."

Hoffmann von Fallersleben

Ihr Kinderlein, kommet

Ihr Kinderlein, kommet,
o kommet doch all!
Zur Krippe her kommet
in Bethlehems Stall
und seht, was in dieser
hochheiligen Nacht
der Vater im Himmel
für Freude uns macht.

O seht in der Krippe
im nächtlichen Stall,
seht hier bei des Lichtleins
hellglänzendem Strahl
den lieblichen Knaben,
das himmlische Kind,
viel schöner und holder,
als Engelein sind!

Da liegt es, das Kindlein,
auf Heu und auf Stroh,
Maria und Joseph
betrachten es froh.
Die redlichen Hirten
knien betend davor,
hoch oben schwebt jubelnd
der Engelein Chor.

O beugt, wie die Hirten,
anbetend die Knie,
erhebet die Händlein
und danket wie sie,
stimmt freudig, ihr Kinder,
wer wollt sich nicht freun,
stimmt freudig zum Jubel
der Engel mit ein!

Die Geschichte der Krippe

Zu der Zeit, als Jesus geboren wurde, regierte Kaiser Augustus über sein riesiges Reich. Doch er wusste nicht, wie viele Menschen eigentlich seine Untertanen waren. So befahl er, dass alle Menschen gezählt und aufgeschrieben werden sollten – und zwar in ihren Heimatorten. Jeder musste also zu dem Ort reisen, in dem er geboren worden war, und wurde dort in eine Liste eingetragen.

Auch Josef machte sich auf den Weg. Da er in Nazareth lebte und in Bethlehem geboren war, musste er einen langen Fußmarsch antreten. Maria begleitete ihn – doch es war für sie besonders beschwerlich, weil sie den ungeborenen Jesus in ihrem Bauch trug. Als sie endlich in Bethlehem ankamen, war die Stadt schon voller Menschen, und sie konnten keine Unterkunft finden. Schließlich entdeckten sie einen Stall, in dem ein Esel, ein Ochse und einige Schafe standen. Maria und Josef beschlossen, dort zu bleiben. Bald darauf kam Jesus zur Welt, und Maria wickelte ihn in Windeln und legte ihn in eine Krippe, in der sonst die Tiere ihr Futter bekamen.

Nicht weit vom Stall entfernt hüteten einige Hirten ihre Schafe. Plötzlich wurde es mitten in der Nacht ganz hell, und ein Engel erschien ihnen. Er sprach: „Fürchtet euch nicht, denn ich bringe euch eine gute Nachricht. Das ganze Volk wird sich darüber freuen. Heute ist in Bethlehem der Retter geboren. Geht und sucht ihn. Ihr werdet ein Kind finden in Windeln gewickelt und in einer Krippe liegend."

Die Hirten beschlossen, nach dem Jesuskind zu suchen, und kurz darauf fanden sie auch Maria und Josef mit dem Kind in der Krippe. Doch die Hirten waren nicht die Einzigen, die der kargen Behausung einen Besuch abstatteten. Auch drei Weise aus dem Morgenland wollten zum neugeborenen König der Juden. Sie hießen Caspar, Melchior und Balthasar, und sie konnten die Sterne deuten. Einer leuchtete besonders hell und zeigte ihnen den Weg. Genau über dem Stall blieb der Stern stehen, und die drei Weisen knieten vor dem Kind nieder und überbrachten ihre wertvollen Geschenke: Gold, Weihrauch und Myrrhe.

Die Darstellung dieser Begebenheit in Form einer Weihnachtskrippe ist schon viele Hunderte Jahre alt. Zu Beginn konnten nur Kirchen und Fürstenhöfe solche Krippen aufstellen – heute hat fast jede Familie ihre eigene Weihnachtskrippe.

Franz von Pocci

Weihnachtsmärchen

In einem Häuschen am Eingang eines Waldes
lebte ein armer Tagelöhner, der sich mit Holz-
hauen mühsam sein Brot verdiente. Er hatte eine
Frau und zwei Kinder, ein Knäblein und ein
Mägdlein.

Das Knäblein hieß Valentin und das Mädchen
Marie, und sie waren gehorsam und fromm zu der
Eltern Freude und halfen ihnen fleißig bei der
Arbeit.

Als die guten Leute eines Winterabends, da
es draußen schneite und wehte, zusammensaßen,
da pochte es leise an das Fenster, und ein feines
Stimmchen rief draußen: „O lasst mich ein in
euer Haus! Ich bin ein armes Kind und habe
nichts zu essen und kein Obdach und meine,
schier vor Hunger und Frost umzukommen.
O lasst mich ein!"

Da sprangen Valentin und Mariechen vom
Tisch auf, öffneten die Türe und sagten: „Komm
herein, armes Kind, wir haben selber nicht viel,
aber doch immer mehr als du, und was wir haben,
das wollen wir gern mit dir teilen."

Das fremde Kind trat ein und erwärmte sich am Ofen die erstarrten Glieder, und die Kinder gaben ihm zu essen, was sie hatten, und sagten: „Du wirst wohl müde sein. Komm, leg dich in unser Bettchen, wir wollen auf der Bank schlafen."

Da sagte das fremde Kind: „Dank es euch mein Vater im Himmel." Sie führten den kleinen Gast in ihr Kämmerlein, legten ihn zu Bett, deckten ihn zu und dachten sich: „O wie gut haben wir es doch! Wir haben unsere warme Stube und unsere Bettchen; das arme Kind aber hat gar nichts als den Himmel zum Dach und die Erde zum Lager." Als nun die Eltern zur Ruhe gingen, legten sich Valentin und Marie auf die Bank beim Ofen und sagten zueinander: „Das fremde Kind wird sich nun freuen, dass es warm liegt. Gute Nacht!"

Die Kinder aber hatten kaum einige Stunden geschlafen, da erwachte die kleine Marie und weckte leise ihren Bruder und sagte: „Valentin, wach auf, wach auf! Hör doch mal die schöne Musik vor unserem Fenster!" Da rieb sich Valentin die Augen und lauschte. Es war ein wunderbares Klingen und Singen, das sich vor dem Hause vernehmen ließ. Und ganz deutlich hörten sie die Worte:

Oh heil'ges Kind, wir grüßen dich
mit Harfenklang
und Lobgesang.
Du liegst in Ruh, du heilig Kind;
wir halten Wacht
in dunkler Nacht.
O Heil dem Haus, in das du kehrst!
Es wird beglückt
und hoch entzückt!

Als die Kinder das hörten, befiel sie eine freudige Angst; sie traten ans Fenster, um zu schauen, was draußen geschähe. Da sahen sie im Osten das Morgenrot glühen und vor dem Hause viele Kinder stehen, die goldene Harfen in den Händen hatten. Erstaunt und verwundert ob dieser Erscheinung starrten sie zum Fenster hinaus. Da berührte sie ein leiser Schlag, und als sie sich umwandten, sahen sie das fremde Kind vor sich stehen. Das hatte ein Kleid an von funkelndem Gold und auf dem Haupte eine Krone und sprach zu ihnen: „Ich bin das Christkindlein, das in der Welt umherwandelt, um frommen Kindern Glück und Freude zu bringen. Ihr habt mich beherbergt diese Nacht, indem ihr mich für ein armes Kind hieltet, und ihr sollt nun meinen Segen haben."

Da ging es mit den Kindern hinaus, brach ein Reislein von einem Tannenbaum, der am Hause stand, pflanzte es in den Boden und sprach: „Das Reislein soll zum Baume werden und soll euch alljährlich Früchte bringen."

Und alsbald verschwand es mit den Engeln. Das Tannenreis aber schoss empor und ward zum Weihnachtsbaum; der aber war behangen mit goldenen Äpfeln und Silbernüssen und blühte alle Jahre einmal.

Kapitel 16

Und wieder strahlen Weihnachtskerzen,
und wieder loht der Flamme Schein,
und Freude zieht in unsere Herzen
an dieser heiligen Weihnacht ein.
Und frohe Weihnachtslieder klingen
in unsren Landen weit und breit.
O welch ein Jubel, welch ein Singen!
O wundervolle Weihnachtszeit!

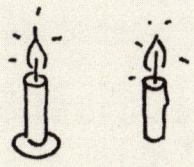

Weihnachtslied

Seht! Der jetzt hier vor euch steht,
ist ein Engel aus dem Himmel,
von den Sternen hergeweht,
ach, ins irdische Gewimmel.

Manches hab ich angeschaut,
ganz zuletzt die Weihnachtsbäume,
und darunter aufgebaut
tausend wach gewordne Träume.

Mit Knecht Ruprecht ging ich viel
vor den schönen Christkindtagen,
immer neu war unser Ziel,
seinen Rucksack half ich tragen.

Unsrer Gaben Fülle lag
fest verschlossen in Verstecken,
dass nicht vor dem Jesustag
Naseweischen sie entdecken.

Ein Klein-Lottchen konnt ich sehn,
mit dem Brüderchen, dem Fritzen,
suchten emsig auf den Zeh'n
Schlüsselloch und Türenritzen.

Kinder, ward der alte Mann
böse, zeigte schon die Rute!
Doch ich tat ihn in den Bann,
bis ihm wieder lieb zumute.

Und nun trägt vom hellen Baum
jeder seinen Schatz in Händen,
und er lässt sich selbst im Traum
die Geschenke nicht entwenden.

Ganz besonders diesmal fand
Märchenbuch ich und Geschichten,
denn ich kam in jenes Land,
wo die Menschen alle dichten.

Bleibt ihr artig, kleine Schar,
wird Knecht Ruprecht an euch denken,
bringt euch auch im nächsten Jahr
einen Sack voll von Geschenken.

Und dann steht ihr wie im Traum.
Und noch einmal seht ihr wieder
Kerzenglanz und Tannenbaum
und hört alte Weihnachtslieder.

Detlev von Liliencron

Der Herr ist geboren heut

Der Herr ist geboren heut!
Singet und seid froh!
Es tönet laut durch Feld und Wald,
singet und seid froh!
Das Bangen ist zu Ende, zu Ende,
der Christus bringt die Wende.
Des sind wir alle froh!

Es strahlet das neue Licht!
Singet und seid froh!
Wer freuet sich des Glanzes nicht?
Singet und seid froh!
Wir waren all verloren, verloren,
nun ist der Herr geboren.
Des sind wir alle froh!

So danket dem Herrn die Gnad'!
Singet und seid froh!
Die er uns heut geschenket hat.
Singet und seid froh!
Zünd an die tausend Kerzen, die Kerzen,
die Lieb' in allen Herzen.
Des sind wir alle froh!

Weihnachten in Spanien

Die Adventszeit verläuft in Spanien eher ruhig. Ein wichtiges Ereignis ist jedes Jahr die Weihnachtslotterie, die es seit 1812 gibt. Sie gilt als größte Lotterie der Welt, denn nirgendwo sonst kann man so viel Geld gewinnen. Alle Spanier fiebern der Auslosung am 22. Dezember entgegen.

Am 24. Dezember versammelt sich die ganze Familie, und es gibt ein großes Abendessen. Geschenke werden allerdings an diesem Tag noch nicht verteilt. Eine Süßspeise, die niemals fehlen darf, ist „Turrón", der aus gerösteten Mandeln, Zucker, Honig und Eiern hergestellt wird. Nach dem Essen kommt die „Urne des Schicksals" auf den Tisch. Dies ist ein großer Topf mit vielen kleinen Geschenken, aber auch einigen Nieten. Jeder darf aber so oft ziehen, bis auch er ein Geschenk bekommen hat.

Um 24 Uhr findet in Spanien die „Misa del Gallo" statt – die Mitternachtsmesse, zu der die ganze Familie geht. Übersetzt bedeutet „Misa del Gallo" übrigens „Messe des Hahns", denn in Spanien glaubt man, dass es ein Hahn war, der als Erster die Geburt Jesu verkündet hat. Nach dem Kirchenbesuch kehren die Leute, vor allem in ländlichen Gebieten, nicht nach Hause zurück, sondern treffen sich auf dem Dorfplatz. Dort wird ein großes Feuer angezündet, und die Menschen singen und tanzen, manchmal bis in den frühen Morgen hinein.

Und da die Spanier fröhliche Menschen sind und gerne feiern, geht es dann die nächsten Tage so weiter. Es gibt viele Feste und weihnachtliche Aufführungen. Am 28. Dezember ist der „Dia de los Inocentes", also der Tag der unschuldigen Kinder. Er soll an den von Herodes angeordneten Kindermord erinnern. Dieser Tag wird in etwa so begangen wie bei uns der 1. April. Es werden viele Streiche ausgeheckt und kleine, lustige Geschichten erzählt.

Den Abschluss findet Weihnachten am 6. Januar, dem Dreikönigstag. Bereits am 5. Januar ziehen die Weisen aus dem Morgenland auf Kamelen in die spanischen Dörfer und Städte und verteilen Süßigkeiten. Ihnen zu Ehren finden Umzüge und Aufführungen statt.

Am Abend dann stellen die Kinder ihre Schuhe vor die Tür und außerdem Stroh und Wasser für die Kamele. Am nächsten Tag bekommen endlich auch die spanischen Kinder ihre Geschenke, und die ganze Familie beendet die Weihnachtszeit mit

168

einem letzten großen Festessen. Traditionell gibt es an diesem Tag „Rosco de Reyes". Dies ist ein Napfkuchen, in dem sich ein kleiner König befindet. Wer ihn in seinem Kuchenstück entdeckt, der darf für diesen Tag ebenfalls König sein.

Weihnachtsanhänger aus Filz

Material
Bastelfilz in verschiedenen Formen
Ausstechförmchen zum Backen
schwarzer Filzstift
Schere
goldenes oder silbernes Stickgarn
dicke Nähnadel oder Locher

1. Die Ausstechförmchen (z. B. Tannenbaum, Herz oder Stern) auf den Bastelfilz legen. Die Umrisse mit dem Filzstift nachzeichnen.
2. Die Figuren entlang den Linien mit der Schere ausschneiden.
3. Mit der Nähnadel oder dem Locher am Rand der Figur ein Loch bohren.
4. Ein Stück Stickgarn durch das Loch fädeln und die Enden verknoten. Diese Anhänger sind ein schöner Schmuck für den Weihnachtsbaum. Man kann damit auch ein Geschenk verzieren.

170

Kapitel 17

Die Nacht vor dem Heiligen Abend,
da liegen die Kinder im Traum.
Sie träumen von schönen Sachen
und von dem Weihnachtsbaum.

Robert Reinick

Weihnachtslegende

In heiliger Nacht flogen Hand in Hand
drei Englein hinab in das jüdische Land.

Sie wollten die seligste aller Frau'n
und das göttliche Kind in der Krippe schau'n.

Der Stern von Bethlehem war noch wach
und strahlte mild auf das flache Dach.

Sie suchten die Pforte und fanden sie bald
und lugten wechselnd durch heimlichen Spalt.

Sie riefen und baten und klopften ganz sacht,
bis Joseph behutsam aufgemacht.

Im Stall war es dämmrig. Sie schwebten heran
und schauten den schlummernden Heiland an.

Der eine hob hoch die Ampel empor
und breitete schattend sein Flüglein davor.

Der zweite schob sanft in des Kindes Hand
ein Sternlein, gefunden am Himmelsrand.

Der dritte hat fromm vor der Krippe gekniet
und sang mit süßer Stimme ein Lied.

Da zog ein Lächeln, göttlich und licht,
über des himmlischen Kindes Gesicht.

Für alle Zukunft hat es geweiht
die Feier der heiligen Weihnachtszeit:

Die strahlende Leuchte, den Weihnachtsstern
und das fromme Lied zum Preise des Herrn.

Alice Freiin von Gaudy

173

O Tannenbaum

O Tannenbaum, o Tannenbaum,
wie grün sind deine Blätter!
Du grünst nicht nur zur Sommerszeit,
nein auch im Winter,
wenn es schneit.
O Tannenbaum, o Tannenbaum,
wie grün sind deine Blätter.

O Tannenbaum, o Tannenbaum,
du kannst mir sehr gefallen!
Wie oft hat nicht zur Weihnachtszeit
ein Baum von dir mich hoch erfreut!
O Tannenbaum, o Tannenbaum,
du kannst mir sehr gefallen!

O Tannenbaum, o Tannenbaum,
dein Kleid will mich was lehren:
Die Hoffnung und Beständigkeit
gibt Trost und Kraft zu jeder Zeit.
O Tannenbaum, o Tannenbaum,
dein Kleid will mich was lehren.

Paula Dehmel

Vom Feuermännchen
und der Maus Grisegrau

„Heut will ich euch die Geschichte vom Feuermännchen erzählen", sagte eines Abends unsere
gute alte Tante Minna. „Sie ist zwar ein bissel
gruselig, aber ich will sie euch doch erzählen.

Ihr müsst wissen, zu Hause in Pankenbrück
hatten wir einen großen Kachelofen, so einen
recht altmodischen grünen Kachelofen. Und
blanke Haken hatte er, um nasse Kleider dran aufzuhängen, und eine Warmröhre mit einer Mes-
singtür hatte er auch. Ich sage euch, Kinder, es
war ein Prachtstück von einem alten Kachelofen!

Und was das Herrlichste war, es wohnte ein
Feuermännchen drin, ein wirklich gelbes Teufelchen. Wenn man unten die Tür aufmachte und
die rote Glut einem entgegenschlug, konnte man
ihn deutlich hüpfen und springen sehen, hopp,
hopp, immer durch die Flammen durch, hinüber
und herüber. Manchmal machte er auch ein ganz
lächerliches Spektakel. Er amüsierte sich, die Holz-
stücke, die nicht gleich brennen wollten, knack,

175

mitten durchzubrechen, spuckte wohl auch in die Flammen, dass sie sprühten und zischten, und kicherte vernehmlich hinterher. Kurz und gut, er war eben ein rechtes Teufelchen, wie es alle andern Feuermännchen auch sind.

Doch nun kommt meine Geschichte.

Einmal nämlich musste ich eine Mausefalle aufstellen. Im Eckschrank in der Wohnstube hatte das Brot ein ganz verdächtiges Loch gehabt. Ich briet ein Stück Speck hübsch knusprig und legte es in die Falle. Am andern Morgen war der Speck weg, die Falle aber zu und von einem Mäuschen nix zu sehen. Grete und ich schüttelten verwundert die Köpfe; bloß der Fritz lachte unbändig, sodass wir schon glaubten, er habe das Mäuschen wieder laufen lassen. Er sagte aber Nein, und da er ein wahrhaftiger Junge war, mussten wir ihm schon glauben. Ich machte ein neues Stück Speck zurecht und richtete die Falle zum zweiten Male. Aber es ging wie vorher: Speck weg, Maus weg, Falle zu! Das ging nicht mit rechten Dingen zu!

Ich machte mir nun mein Bett auf dem Sofa in der Wohnstube zurecht und wollte aufpassen. In der Falle roch wieder ein saftiges Speckstückchen. Ich legte mich hin und blinzelte von Zeit zu Zeit hinüber, aber es blieb alles still.

Wenn der Vollmond nicht so hell ins Zimmer geschienen hätte, wäre mir die Zeit gewiss recht lang geworden. Endlich hörte ich Trippelschrittchen, und – Kinder, da hatten wir die Bescherung! Da kam mein Mäuschen, aber nicht allein, es hatte einen artigen Kavalier bei sich, nämlich unser leibhaftiges Feuermännchen. Der ging an die Falle, hielt zierlich und geschickt das Fallbrettchen hoch, Mäuschen holte den Speck, und als sie außer Gefahr war, ließ das Kerlchen vorsichtig den Deckel wieder fallen. Ich sah belustigt zu, mit welchem Appetit sie dann den Speck verzehrten, und spitzte die Ohren, was sie wohl sonst noch machen würden.

Ich brauchte nicht lange zu warten, bis sie ihre drolligen Spiele anfingen. Mitten auf der Diele war ein großer weißer Fleck, den hatte der Vollmond dorthin gemalt. Da begannen sie ihre Kunststückchen, wie die geschicktesten Turner und Seiltänzer, sag ich euch!

Einmal war Feuermännchen der Reiter und Maus das Pferdchen. Hui, ging's immer rundum, ohne Sattel und Zaum. Nein, das hättet ihr wirklich sehen müssen! Von Mäuschens kleinen Ohren bis zu Mäuschens Schwanzspitze lief das behände Männchen hin und her, vorwärts und rückwärts, dass sein gelbes Röckchen sich um ihn bauschte und die roten Schuhe klapperten. Dabei schoss er noch Köpfchen und schlug Räder dabei; ich sage euch, mir wurde ganz wirbelig dabei.

Oder Maus lief ihrem Kameraden blitzschnell durch die Beine, sprang ihm über den Kopf weg, wieder durch die Beine und lief ihm endlich davon. Dann begann ein tolles Haschen über Stuhl und Tisch, oben und unten; von der Gardinenstange aufs Fensterbrett, von dort auf die Sofalehne oder quer über die Kommode, bis sie sich endlich hatten und müde waren. Dann setzten sie sich artig auf eine Fußbank und streichelten und küssten sich wie richtige Liebesleute.

Bald aber tollten sie wieder wie vorher. Das dauerte so eine gute Stunde; da ging der Mond weg, und Maus und Feuermännchen verschwanden im Ofen, unten, wo schon lange eine Kachel fehlte. Na, nun wusste ich Bescheid und nahm mir vor, da nun einmal das Mäuschen unserm Feuermännchen sein Schatz war, ihr nix Böses zu tun. Im Gegenteil, Grete musste jeden Tag ein Puppenschälchen voll Milch vor das Ofenloch stellen; und ich tat ab und zu auch noch einen andern guten Bissen hinein; wusste ich doch, dass auch Feuermännchen kein Kostverächter war.

Bald war das Mäuschen so zahm, dass es sich auch am Tage hervorwagte, ja, es stellte sich zu den Mahlzeiten ein und trug manch Häppchen zu ihrem Schatz ins Ofenloch. Wir nannten sie Frau Grisegrau und hatten sie alle lieb.

Wenn Vollmond war, ließ es mir keine Ruhe; eine Nacht wenigstens musste ich ihrem übermütigen Treiben zusehen.

Auch dem Fritz und der Grete machte ich mal im Wohnzimmer ihr Bett auf; aber die dummen Gören schliefen immer ein und wussten am andern Morgen nix vom Feuermännchen und nix von Frau Grisegrau.

So lebten wir ein paar schöne Jahre zusammen; und wenn die Bratäpfel in unserm alten Ofen schmorten und draußen der Sturm ging, erzählte ich den Kindern neue Kunststücke von Feuermännchen und Grisegrau, und sie guckten vergnügt ins Ofenloch und sahen das Teufelchen lustig flackern und springen.

Doch nun kommt's traurig, Kinder, denn alles Schöne hat im Leben mal ein Ende.

Eines Tages lag unser Mäuschen tot vor ihrem Loche. Ein fremder Kater hatte sich hereingeschlichen und es erwischt. Ich verjagte ihn, aber ich kam zu spät.

Ich blieb im Wohnzimmer, und als der Mond kam, sah ich unser Feuermännchen klagend um die Leiche gehen. Zuletzt nahm er sie auf den Rücken und ging langsam den gewohnten Weg durch die Kachel.

Im Ofen war noch Glut, ich bückte mich, um hineinzusehen, da war er schon mit seiner lieben Grisegrau mittendrin. Hellauf loderten die Flammen, die die kleine Maus begraben sollten; ganz stille hockte das Feuermännchen daneben und sah zu. Mir war ganz traurig zumute, als ob mir was Liebes gestorben wäre.

Bei uns im Hause wurde es auch still, seitdem Feuermännchen und Grisegrau nicht mehr zusammen spielten. Der Fritz kam zu den Soldaten, und die Grete wurde Erzieherin weit weg in Ungarn.

Für mich allein mochte ich keine Bratäpfel mehr in den alten Kachelofen legen, und auch das Feuermännchen habe ich seit jener Nacht nicht wieder gesehen.

Kapitel 18

Fichten, Lametta, Kugeln und Lichter,
Bratäpfelduft und frohe Gesichter,
Freude am Schenken – das Herz wird so weit.
Ich wünsch allen: eine fröhliche Weihnachtszeit!

Heilige Nacht

So ward der Herr Jesus geboren
im Stall bei der kalten Nacht.
Die Armen, die haben gefroren,
den Reichen war's warm gemacht.

Sein Vater ist Schreiner gewesen,
die Mutter war eine Magd.
Sie haben kein Geld nicht besessen,
sie haben sich wohl geplagt.

Kein Wirt hat ins Haus sie genommen,
sie waren von Herzen froh,
dass sie noch in Stall sind gekommen.
Sie legten das Kind auf Stroh.

Die Engel, die haben gesungen,
dass wohl ein Wunder geschehn.
Da kamen die Hirten gesprungen
und haben es angesehn.

Die Hirten, die will es erbarmen,
wie elend das Kindlein sei.
Es ist eine G'schicht' für die Armen,
kein Reicher war nicht dabei.

Ludwig Thoma

Jingle Bells (deutsche Version)

Jingle Bells, Jingle Bells,
klingt's durch Eis und Schnee.
Morgen kommt der Weihnachtsmann,
kommt dort von der Höh'.
Jingle Bells, Jingle Bells,
es ist wie ein Traum.
Bald schon brennt das Lichtlein hell
bei uns am Weihnachtsbaum.

Wenn die Winterwinde weh'n,
wenn die Tage schnell vergeh'n,
wenn im Schranke ganz geheimnisvoll,
die bunten Päckchen steh'n.
Dann beginnt die schöne Zeit,
auf die jeder sich schon freut.
Und die Menschen seh'n so freundlich aus
und singen weit und breit.

Jingle Bells, Jingle Bells,
klingt's durch Eis und Schnee.
Morgen kommt der Weihnachtsmann,
kommt dort von der Höh'.
Jingle Bells, Jingle Bells,
es ist wie ein Traum.
Bald schon brennt das Lichtlein hell
bei uns am Weihnachtsbaum.

Die Weihnachtsfarben
und der Weihnachtsengel

Weihnachten ist ein ganz besonderes Fest. Das merkt man nicht nur daran, dass besondere Lieder gesungen werden, das ganze Haus nach Plätzchen duftet und dass es tolle Geschenke gibt. Nein, man merkt es auch an der Dekoration. Plötzlich tauchen fast überall kleine Engel auf, die Trompete blasen und Harfe zupfen. Sie kommen zumeist in großen Gruppen daher – und nach Weihnachten sind sie alle wieder weg.

Das, was ebenfalls auffällt: Es gibt Farben, die während der Weihnachtszeit besonders beliebt zu sein scheinen. Rot gehört dazu und auch Grün. Hier soll erklärt werden, warum das so ist.

Die Weihnachtsengel, die als großes Orchester auftreten, leiten sich ab von der Geschichte rund um die Krippe. Als Jesus geboren wurde, nächtigten in der Nähe des Stalls ein paar Hirten. Mitten in der Nacht wurde es dann taghell, und ein Engel erschien und erzählte ihnen, was geschehen war. Nach diesem einen Engel kamen immer mehr. Sie sangen und musizierten und sagten den Hirten, dass es Grund gibt, froh zu sein und zu feiern, denn schließlich war Jesus geboren worden.

Die meisten aus Holz geschnitzten Engel kommen übrigens aus dem Erzgebirge. Hier gibt es eine lange und kunstvolle Tradition.

Und was hat es nun mit den bestimmten Farben auf sich? Warum tauchen Weiß, Grün und Rot zu Weihnachten häufiger auf als andere Farben? Das kommt daher, dass Farben eine bestimmte Symbolik zugeschrieben wird.

Weiß steht für das Licht, das Jesus in die Welt brachte. Es bedeutet Reinheit, Läuterung und Erlösung. Als besonders festliche Varianten von Weiß gelten Silber und Gold. An Weihnachten finden wir Weiß, Gold und Silber zum Beispiel ganz häufig bei Weihnachtskugeln und Kerzen. Auch Pflanzen, wie Christrosen oder Mistelzweige, die weiß blühen oder weiße Beeren tragen, haben eine lange Tradition an Weihnachten.

Doch Pflanzen, die selbst im Winter noch grüne Blätter oder Nadeln tragen, haben eine weitere Bedeutung. Sie symbolisieren das Ende einer dunklen Zeit und stehen für, Hoffnung und Leben.

Rot steht wie keine andere Farbe für die Liebe. Es symbolisiert das Blut Jesu, der Liebe in die Welt brachte. Gerade zu Weihnachten, dem Fest der Liebe, ist deshalb auch die Farbe Rot in vielerlei Dekorationen zu finden.

Weihnachtliche Tischlaternen

Material
Marmeladengläser oder einfache Trinkgläser
Transparentpapier in verschiedenen Farben
Kleister (Bastelladen)

1. Die Marmeladen- oder Trinkgläser spülen und abtrocknen.
2. Das Transparentpapier in viele kleine und auch größere Schnipsel zerreißen und in eine Schachtel legen.
3. Ein Teil des Glases mit Kleister bestreichen. Die Schnipsel aufkleben, und zwar so, dass sie sich an den Kanten überdecken. Dann wieder ein Teil des Glases einkleistern, mit Schnipseln bekleben und so weiter, bis das ganze Glas bedeckt ist.
4. Ein Teelicht bringt die bunte Tischlaterne zum Leuchten.

Kapitel 19

Ich wünsche schöne Weihnachtstage,
das ist doch klar und ohne Frage.
Bei Tannenduft und Kerzenschein
möge alles friedlich und fröhlich sein!

Vom Christkind

Denkt euch, ich habe das Christkind gesehen!
Es kam aus dem Walde, das Mützchen voll Schnee,

mit rot gefrorenem Näschen.
Die kleinen Hände taten ihm weh,

denn es trug einen Sack, der war gar schwer,
schleppte und polterte hinter ihm her.

Was drin war, möchtet ihr wissen?
Ihre Naseweise, ihr Schelmenpack –

denkt ihr, er wäre offen, der Sack?
Zugebunden bis oben hin!

Doch war gewiss etwas Schönes drin!
Es roch so nach Äpfeln und Nüssen!

Anna Ritter

190

Morgen kommt der Weihnachtsmann

Morgen kommt der Weihnachtsmann,
kommt mit seinen Gaben.
Bunte Lichter, Silberzier,
Kind mit Krippe, Schaf und Stier,
Zottelbär und Panthertier
möcht' ich gerne haben.

Doch du weißt ja unsern Wunsch,
kennst ja unsre Herzen.
Kinder, Vater und Mama,
auch sogar der Großpapa,
alle, alle sind wir da,
warten dein mit Schmerzen.

Weihnachten in Griechenland

In Griechenland sind die meisten Menschen nicht katholisch oder evangelisch, sondern gehören dem orthodoxen Glauben an. Das ist auch der Grund, warum dort Weihnachten ganz anders gefeiert wird.

In Griechenland wird vom 15. November bis einschließlich 24. Dezember gefastet. Fisch, Fleisch, Eier, Milch und Wein werden während dieser Zeit nicht gegessen und getrunken. So kann es am 24. Dezember noch keine üppige Festtafel geben. Stattdessen nehmen die Leute Nüsse, Mandeln, Rosinen und getrocknete Feigen zu sich.

Dafür beginnen an diesem Tag aber die Weihnachtsfeuer. Zwölf Nächte lang werden sie auf Dorfplätzen oder in Gärten angezündet und dürfen die ganze Nacht lang auf keinen Fall ausgehen. Die Weihnachtsfeuer sind ein heidnischer Brauch, der dazu dient, kleine Kobolde zu vertreiben, die in Griechenland „Kalikanzari" genannt werden. Anders als die guten Wichtel aus Dänemark, Schweden und Norwegen sind sie eher Störenfriede, die Ärger machen und Unfug stiften, weshalb man sie lieber nicht in seiner Nähe haben möchte.

Ebenfalls am 24. Dezember starten auch die Kinderzüge. Die Kinder gehen in Gruppen von Haus zu Haus. Sie haben Glöckchen, Schellen und kleine Trommeln bei sich und singen „Kalanda". Das sind Lobgesänge, die die Geburt Christi ankündigen. Als Dankeschön bekommen sie Süßigkeiten oder etwas Geld. Im Anschluss daran besucht die ganze Familie die Mitternachtsmesse.

Traditionell wurden in Griechenland keine Weihnachtsbäume aufgestellt, sondern Schiffe gebastelt und geschmückt. Damit gedachte man der vielen Seefahrer, die auf den Meeren der Welt unterwegs waren. Mittlerweile findet man aber auch in diesem Land immer mehr Christbäume – oder zumindest etwas Ähnliches. Häufig wird statt einer Tanne eine Zypresse geschmückt, oder man stellt einfach eine künstliche Tanne ins Zimmer. Die übrige Dekoration fällt üppig aus, überall erstrahlen bunte Weihnachtsbeleuchtungen.

An Silvester gibt es traditionell ein großes Festessen mit Fleisch, Fisch, Gemüse und einem speziellen Neujahrskuchen. Am 1. Januar bekommen dann die Kinder ihre Geschenke. Sie werden vom heiligen Vassilious gebracht. Er kommt still und heimlich ins Zimmer, wenn die Kinder schlafen, und legt ihnen ihre Geschenke vor das Bett.

Leckerschmeckers Zapfen

Material
große, geöffnete Tannenzapfen
bunte Schokotaler oder Schokolinsen

1. Die Tannenzapfen mit einer kleinen Bürste reinigen.

2. Die Schokotaler oder -linsen in den Zwischenräumen der Zapfen verteilen. Nun sehen die Zapfen wie kleine geschmückte Weihnachtsbäume aus. Ein tolles Geschenk!

Kapitel 20

Mach es wie der Weihnachtsbär,
der nimmt das Leben nicht so schwer,
lässt keine Sorgen durch sein Fell,
er liebt die Welt ganz warm und hell.
Und sollte sie mal dunkel sein,
genießt er sie bei Kerzenschein.

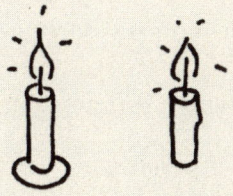

Vom Honigkuchenmann

Keine Puppe will ich haben –
Puppen geh'n mich gar nichts an.
Was erfreu'n mich kann und laben,
Ist ein Honigkuchenmann,
So ein Mann mit Leib und Kleid,
Durch und durch von Süßigkeit.

Stattlicher als eine Puppe
Sieht ein Honigkerl sich an,
Eine ganze Puppengruppe
Mich nicht so erfreuen kann.
Aber seh' ich recht dich an,
Dauerst du mich, lieber Mann.

Denn du bist zum Tod erkoren –
Bin ich dir auch noch so gut,
Ob du hast ein Bein verloren,
Ob das andre weh dir tut:
Armer Honigkuchenmann,
Hilft dir nichts, du musst doch dran!

Hoffmann von Fallersleben

Am Weihnachtsbaum
die Lichter brennen

Am Weihnachtsbaum die Lichter brennen,
wie glänzt er festlich, lieb und mild,
als spräch er: Wollt in mir erkennen
getreuer Hoffnung stilles Bild.

Die Kinder stehn mit hellen Blicken,
das Auge lacht, es lacht das Herz,
o fröhlich, seliges Entzücken,
die Alten schauen himmelwärts.

Zwei Engel sind hereingetreten,
kein Auge hat sie kommen sehn,
sie gehen zum Weihnachtsbaum und beten
und wenden wieder sich und gehn.

Kein Ohr hat ihren Spruch vernommen,
unsichtbar jedes Menschen Blick
sind sie gegangen, wie gekommen,
doch Gottes Segen blieb zurück!

Die Heiligen Drei Könige

Bald nachdem Jesus geboren worden war, kamen drei weise Männer nach Jerusalem, die Sterne deuten konnten. Sie fragten die Menschen, wo denn der neugeborene König der Juden sei, und erzählten, dass sie seinen Stern hätten aufgehen sehen. Der böse König Herodes verstellte sich und versuchte ihnen eine Falle zu stellen. Er sagte: „Geht nach Bethlehem und sucht ihn. Und wenn ihr ihn gefunden habt, so sagt mir Bescheid, damit auch ich das Kind begrüßen kann."

Die Heiligen Drei Könige machten sich auf den Weg. Sie beobachteten die Wanderung des Morgensterns und folgten ihm – bis der Stern genau über dem Stall stehen blieb. Die drei Könige traten ein und sahen Maria und Josef mit dem Jesuskind. Sie waren sehr glücklich darüber, endlich am Ziel zu sein, knieten nieder und beteten. Danach überreichten Sie ihre kostbaren Geschenke: Gold, Weihrauch und Myrrhe.

Als auch sie irgendwann müde waren und einschliefen, träumten sie, dass es besser wäre, Herodes nicht Bescheid zu geben, sondern einen geheimen Rückweg anzutreten. So machten sie es und wanderten unerkannt in ihre Heimat zurück.

Der Tag der Heiligen Drei Könige ist der 6. Januar. In vielen Ländern ist dieser Tag ein Feiertag, und oft ist es üblich, dass die Kinder erst dann ihre Weihnachtsgeschenke bekommen.

In den deutschsprachigen Ländern gibt es die Tradition der Sternsinger. Kinder tragen als Caspar, Melchior und Balthasar verkleidet einen großen Stern vor sich her und ziehen von Haus zu Haus. Sie singen Lieder, sammeln Spenden und erhoffen sich Süßigkeiten als Dank für ihre Darbietung. Bevor sie wieder gehen, schreiben sie mit geweihter Kreide „C+ M + B" und das jeweilige Jahr an die Tür. Die Buchstaben C, M und B sind nicht nur die Initialen der drei Könige, sondern stehen auch für das lateinische „ Christus mansionem benedicat", was übersetzt bedeutet: „Christus segne dieses Haus". Dieser Segen soll den Bewohnern im nächsten Jahr Glück bringen.

Der Legende nach sind die drei Könige in hohem Alter kurz hintereinander gestorben und wurden gemeinsam beigesetzt. Seit 1164 liegen die drei Könige im Kölner Dom in einem goldenen Schrein. Sie sind Patrone der Stadt Köln und Schutzheilige der Reisenden.

Theodor Meyer-Merian

Frau Ursulas Bescherung

Es war ein altmodischer Winter, draußen auf Weg und Steg, Feldern und Bergen alles verschneit bis auf die schwarzen Tannen, von denen der scharfe Wind den Schnee schon wieder heruntergeschüttelt. Es war gerade der Heilige Abend und dunkelte bereits.

Da begannen von den Kirchtürmen der Stadt die Glocken den Festtag einzuläuten, eine nach der andern und dann alle zusammen, dass es lieblich und erhebend klang und man, wenn man auch gar nicht wollte, an die gnadenreiche Weihnacht denken musste und an das süße Christkind und wie wunderbar der alte Segen alljährlich wieder neu werde. Leute aus den Dörfern der Umgebung waren noch auf der Straße, sie hatten gearbeitet in der Stadt drin, nun eilten sie, schneller als an andern Abenden, über den knarrenden Schnee heimzu. Mancher davon trug noch etwas Eingewickeltes unterm Arm, die Weihnachtsgeschenke für Weib und Kinder. Die meisten waren schon vorbei, und aus der Dunkelheit tauchte hin und wieder, da und dort von einem Bauernhofe oder aus einem der zerstreuten Häuslein, ein Licht auf wie ein Sternlein.

Ganz zuletzt kam noch ein armes Weiblein, und das war die Frau Ursula, die in der Stadt um Taglohn mit Fegen und Reinigen auf den morgenden Festtag hin nachgeholfen hatte. Sie wohnte eine gute halbe Stunde weit weg in dem Dorfe und hatte das lange Jahr hindurch den Weg nach der Stadt bei allem Wetter manch liebes Mal gemessen, am frühen Morgen hin, am späten Abend wieder zurück. Wie mühsam das war, sie fühlte sich darum nicht unglücklich, im Gegenteil – nur um so vergnügter sah sie aus, wenn es brav Bestellungen gab; verdiente doch, namentlich zur Winterzeit, ihr Mann mit seiner Maurerarbeit gar wenig, während die drei Kinder im Winter wie im Sommer gleichen Appetit hatten, ja die Kälte bei ihnen noch zu zehren schien. – Um dieser Kinder willen, und damit die Haushaltung im ordentlichen Gange bliebe und sie niemanden beschwerlich fallen müssten, scheute dann Frau Ursula weder mühsame, rauhe Arbeit noch krumme Finger, wenn's Stein und Bein fror.

Heute aber ging sie nicht froh, sie ließ den Kopf hängen. Wohl trug sie einen hübschen, wohlverdienten Batzen im Sacke heim; sogar

einen lebkuchenen Reiter, ein paar Stücklein Gerstenzucker, einen Bogen mit Bildern und einige
kleine rote Äpfelchen hatte sie gekauft. Alles zur
Weihnachtsbescherung für ihre Kleinen. Aber
Frau Ursula hatte einen großen Fehler begangen:
Sie hatte zu lange jene Christbäume angesehen,
welche bei ihren reichen Kunden gerüstet wurden
und die sich beinahe beugten unter der Last von
all dem bunten Zuckerzeug, den kostbaren Spiel-
waren und der Menge sonstiger Herrlichkeiten,
wie man sie nur zu ersinnen vermochte.

Bis jetzt war die arme Frau mit ihrem Lose
zufrieden gewesen. Als sie aber bei den Reichen all
den Reichtum an Gaben ausgebreitet sah und an
die Freude denken musste, welche damit den
Stadtkindern gleichsam im Übermaße gewährt
wurde, da waren der Mutter natürlich auch die
eigenen Kinder eingefallen. Je länger sie nun aber
auf die Pracht und die Fülle hinsah, umso mehr
verlor sie sich darin und legte unvermerkt den
Maßstab davon an jene Bescherung, die sie nach
Hause trug, um sie ihren Kindern zu schenken.
Hätten die Schätze eines Königreiches vor ihr ausgebreitet gelegen, sie würde nicht so missge-
stimmt, ja neidisch darauf geworden sein, wie sie
es hier war über diese Spielzeuge und die Zucker-

herrlichkeiten; denn nicht an sich dachte sie ja, sondern einzig an ihre Kinder.

Es tat ihr heimlich weh, dass sie zur Weihnacht mit so ärmlicher Gabe, nur mit einem Lebkuchen, ein paar schlecht gemalten Bogen und gewöhnlichen Äpfeln sollten abgefunden werden, indessen eine Menge Herrlichkeiten, die ihr Mareili, ihren Fritz und den kleinen Xaveri in den Himmel versetzt hätten, hier in der Stadt unter der übrigen Masse gar nicht einmal bemerkt würden.

Mit dieser Verstimmung im mütterlichen Herzen und dem kleinen Päcklein dürftiger Weihnachtsherrlichkeiten im Korbe schritt Frau Ursula durch die Dämmerung ihrer ärmlichen Wohnung zu. Sie wurde fast verstimmter, als ihre Kinder sich freudig um die Mutter drängten und den Korb beguckten, weil sie wohl vermuteten, das heilige Weihnachtskindlein könnte ihnen was darin zugeschickt haben. Ihn zu öffnen wagte freilich keines, und so blieb denn der bedeutsame Korb ruhig auf dem Schranke stehen, wohin er gleich gestellt worden. Erst nach der Suppe, die nun gekocht und gegessen wurde, und nachdem die Kinder in die Nebenkammer zu Bette gegangen, schritt Frau Ursula daran, das magere, in einen alten Gartentopf gepflanzte Tannenbäumlein mit den wenigen Gaben zu behängen: alles an die äußeren Ästlein, damit es doch ein wenig etwas vorstelle. Als jedes hing und die zwei neuen Taschentüchlein, die das Mareili noch beschert bekam, um den Fuß des Baumes ziemlich breit hingelegt worden, wurden zum Schluss noch etliche Kerzlein an die Zweige geklebt.

Während dieser Arbeit hatte sich das fast bittere Gefühl in ein mehr wehmütiges und in ein Paar feuchte Augen aufgelöst; dann legte sich die gute Frau zu Bette, müde an Leib und Seele, um Not und Sorgen zu verschlafen.

Als Frau Ursula vor Mitternacht erwachte, leise aufstand und sich ankleidete und die Kerzlein anzündete, da sah ihr Gesicht noch recht verzagt und kleinmütig aus und blickte mehr traurig als heiter auf die Lichtlein, welche die dürftige Bescherung recht sichtbar machten. Nur die Besorgnis, die kurzen Lichtstümpflein möchten unnütz verbrennen, überwand ein längeres Zögern und ließ sie rasch die Kleinen wecken.

Mareili sprang als Erste aus dem Bette, war es doch schon eine Weile wach und hatte nur nicht dergleichen getan, sondern nur verstohlen geblinzelt. Bald war aller Schlaf aus den Äuglein gerieben und helle Freude dafür darin angezündet. –

Wie schön waren doch die Lichtlein in den grünen Zweigen! Wie appetitlich lachten die Äpfel mit ihren roten Backen! Und dann der köstliche rote und weiße Gerstenzucker, der an den Fäden dazwischen hing! Und vor allem das Hauptstück, der große Lebkuchenreiter mit vergoldetem Hut. Und dies alles vom lieben Christkindlein gebracht!

Mareili konnte beinah den Blick nicht mehr wenden von den zwei rot gestreiften Taschentüchlein und ward nicht wenig stolz darauf, dass es die nun selber säumen solle. Fast wie die Äpfel so rote Bäcklein bekamen die Kinder vor lauter Eifer und Lust an ihrer Bescherung, und in den bloßen Hemdlein umherhüpfend, fragten sie die Mutter einmal ums andere, ob das Christkind das alles hergebracht? Oder machten Plan über Plan, was sie mit jedem Stücklein besonders anfangen, wie sie es teilen wollten und wer zuerst abbeißen dürfe an dieser und jener Süßigkeit.

Frau Ursula, die anfangs etwas kleinlaut daneben gestanden und sich zur Heiterkeit gezwungen, um die der andern nicht zu verderben, sah sich bald in die allgemeine Freude hineingezogen, sie dachte des armen Gottessohnes im Stalle zu Bethlehem, sie wusste nicht, wie? Der große

Christbaum in der Stadt mit seiner kostbaren Bescherung war ihr ganz aus dem Sinne gekommen, sie lachte innerlich vergnügt, und ihre Blicke glänzten nicht anders als die der Kleinen auch. Als sähe Ursula mit den Augen der Kinder, so gefiel ihr nun selbst ihr Bäumlein, das sie doch erst so betrübt angeschaut und woran noch dieselben gewöhnlichen Äpfel, die paar Zuckerstücklein und der einzige Lebkuchen hingen.

Aber in dem heimlichen Schatten der grünen Ästlein schienen noch verborgene Herrlichkeiten zu ruhen, aus den zitternden Flämmchen der Kerzen etwas Besonderes und Feierliches zu strahlen, das einen einzigen Schimmer über alles andere ausgoss und es gleichsam verklärte; es war wie das Leuchten des Himmels über dem Stalle zu Bethlehem in der ersten Christnacht.

Dieses drang auch in das Herz der Mutter, und in ihrer unverhohlenen Freude daran nahm sie mit ganzer Seele teil an all dem kindischen Gerede und auch an der kindlichen Glückseligkeit. Sie sagte sich's freilich nicht und wusste es selbst nicht einmal klar; aber was sie inwendig verspürte und was auch ihr Herz erheiterte und durchwärmte und sie selbst wieder zum Kinde werden ließ, das war doch nur das Gefühl, dass die Freude

und der Segen der Weihnachtsbescherung nicht von kostbarer Herrlichkeit und vielen Geschenken abhänge, sondern auch vom dürftigsten Christbäumchen unsichtbar als Hauptbescherung leuchtet, die heilige Zufriedenheit und das köstliche Bewusstsein: „Auch uns ist der Heiland geboren!"

Kapitel 21

Christkind, komm in unser Haus,
pack die großen Taschen aus.
Stell den Schimmel untern Tisch,
dass er Heu und Hafer frisst.
Heu und Hafer frisst er nicht,
Zuckerbrezeln kriegt er nicht!

Schenken

Schenke groß und klein,
Aber immer gediegen.
Wenn die Bedachten
Die Gaben wiegen,
Sei dein Gewissen rein.

Schenke herzlich und frei.
Schenke dabei,
Was in dir wohnt
An Meinung, Geschmack und Humor,
Sodass die eigene Freude zuvor
Dich reichlich belohnt.

Schenke mit Geist ohne List.
Sei eingedenk,
Dass dein Geschenk
Du selber bist.

Joachim Ringelnatz

Fröhliche Weihnacht überall

„Fröhliche Weihnacht überall!"
tönet durch die Lüfte froher Schall,
Weihnachtston, Weihnachtsbaum,
Weihnachtsduft in jedem Raum!
„Fröhliche Weihnacht überall!"
tönet durch die Lüfte froher Schall.
Darum alle stimmet
in den Jubelton,
denn es kommt das Licht der Welt
von den Vaters Thron.

„Fröhliche Weihnacht überall!"
tönet durch die Lüfte froher Schall,
Weihnachtston, Weihnachtsbaum,
Weihnachtsduft in jedem Raum!
„Fröhliche Weihnacht überall!"
tönet durch die Lüfte froher Schall.
Licht auf dunklem Wege,
unser Licht bist du,
denn du führst, die dir vertraun,
ein zur sel'gen Ruh.

„Fröhliche Weihnacht überall!"
tönet durch die Lüfte froher Schall,
Weihnachtston, Weihnachtsbaum,
Weihnachtsduft in jedem Raum!
„Fröhliche Weihnacht überall!"
tönet durch die Lüfte froher Schall.
Was wir andern taten,
sei getan für dich,
dass bekennen jeder muss,
Christkind kam für mich.

Weihnachten in Russland

In Russland gehören die meisten Menschen der orthodoxen Kirche an – deshalb wird dort, wie auch in Griechenland, am 24. Dezember nicht gefeiert, da der Tag noch zur 40-tägigen Fastenzeit gehört. Die Fastenzeit fängt am 28. November an und dauert bis zum 7. Januar. Die russisch-orthodoxen Christen feiern erst am 7. Januar das „Fest der Erscheinung des Herrn". Das entspricht dem 25. Dezember bei uns. Die Verschiebung liegt daran, dass in der russischen orthodoxen Kirche eine andere Zeitrechnung gilt als in der katholischen oder evangelischen Kirche.

Nach der Oktoberrevolution 1917 wurde in Russland Weihnachten ebenso wie viele andere religiöse Feste verboten. Dadurch gerieten auch einige Bräuche in Vergessenheit. Doch seitdem 1991 der 7. Januar zum offiziellen Feiertag erklärt wurde, wird auch dort wieder richtig Weihnachten gefeiert.

Der Heilige Abend wird „Sochelnik" oder „Koljadki" genannt. Es ist die Nacht vom 6. auf den 7. Januar. Geschenke gibt es in Russland nur für Kinder, denn traditionellerweise werden die großen Geschenke zu Silvester verteilt. Die Kleinigkeiten

212

für Kinder liegen unter dem Tannenbaum – den gibt es in Russland nämlich auch. Das Essen am 6. Januar fällt noch in die Fastenzeit, deshalb werden am Heiligabend nur magere und vegetarische Gerichte gereicht, zum Beispiel Piroggen mit Pilz- oder Gemüsefüllung oder kleine Pfannkuchen, die „Blini" heißen. Außerdem findet ein sehr langer Gottesdienst statt, der mehrere Stunden dauert.

Am folgenden Tag ist dann endlich die Fastenzeit vorbei, und es gibt ein großes Festessen. Der Tisch biegt sich unter Fisch in Aspik, gefülltem Ferkel oder gefüllter Weihnachtsgans und Gebäck und Süßigkeiten zum Abschluss. Bei diesem Festmahl wird all das genossen, was während der Fastenzeit verboten war. Die Stimmung ist ausgelassen, und es wird kräftig gefeiert.

In Russland hat man früher zu Weihnachten auch Wahrsagerei betrieben, zum Beispiel die Wahrsagerei mit einem Schuh: Ein Mädchen muss seinen linken Schuh ausziehen und über das Zauntor auf die Straße werfen. Zeigt die Schuhspitze zum Haus, so wird das Mädchen im kommenden Jahr nicht heiraten, sondern weiterhin zu Hause wohnen bleiben. Zeigt die Schuhspitze in die entgegengesetzte Richtung, so wird es im kommenden Jahr ausziehen.

213

Apfeliger Weihnachtsmann

Material

1 rotbackiger Apfel	Bleistift, Schere
1 Walnuss	und Klebstoff
1 Zahnstocher	Watte
rotes Papier	schwarzer Filzstift

1. Den Zahnstocher etwa 2 cm in die Nuss stecken. Dann die Walnuss mit dem anderen Ende des Zahnstochers unten in den Apfel stecken.
2. Ein Wasserglas umgekehrt auf das rote Papier legen. Den Rand mit dem Bleistift nachzeichnen. Den Kreis ausschneiden und in der Mitte durchschneiden. Einen der Halbkreise zu einer Tüte rollen. Die Öffnung darf nicht größer sein als die Nuss. Den Rand festkleben.
3. Einen flachen Wattekreis formen, der etwas größer ist als die Tüte. Außerdem ein kleines Wattekügelchen rollen. Dieses auf die Spitze der Tüte kleben. Dann die Öffnung der Tüte auf dem Wattekreis festkleben. Diese Weihnachtsmannmütze auf die Walnuss kleben.
4. Aus der Watte ein Dreieck formen und wie einen Bart auf das Walnussgesicht kleben.
5. Mit dem Filzstift die Augen aufmalen.

Kapitel 22

Wie schön geschmückt, der festliche Raum!
Die Lichter funkeln am Weihnachtsbaum.
O fröhliche Zeit!
O seliger Traum!

Die Heilige Nacht

Gesegnet sei die Heilige Nacht,
Die uns das Licht der Welt gebracht! –

Wohl unterm lieben Himmelszelt
Die Hirten lagen auf dem Feld.

Ein Engel Gottes, licht und klar,
Mit seinem Gruß tritt auf sie dar.

Vor Angst sie decken ihr Angesicht,
Da spricht der Engel: „Fürcht't euch nicht!

Ich verkünd' euch große Freud:
Der Heiland ist euch geboren heut."

Da gehn die Hirten hin in Eil,
Zu schaun mit Augen das ewig Heil;

Zu singen dem süßen Gast Willkomm,
Zu bringen ihm ein Lämmlein fromm. –

Bald kommen auch gezogen fern
Die Heil'gen Drei König' mit ihrem Stern.

Sie knien vor dem Kindlein hold,
Schenken ihm Myrrhen, Weihrauch, Gold.

Vom Himmel hoch der Engel Heer
Frohlocket: „Gott in der Höh sei Ehr!"

Eduard Mörike

Hans Christian Andersen

Der Weihnachtsbaum

Draußen im Wald stand ein niedlicher kleiner
Tannenbaum. Er hatte einen guten Platz. Die
Sonnenstrahlen liebkosten ihn, und der Wind
strich durch seine Zweige. Im nächsten Jahr war
der Baum schon um einen bedeutenden Ansatz
größer und das Jahr darauf noch um einen.

„Ach, wenn ich doch so groß wie die anderen
Bäume wäre", seufzte das Bäumchen, „dann
könnte ich meine Zweige weit ausstrecken und
mit meinem Wipfel in die weite Welt hinaus-
blicken."

Aber zwei Winter vergingen, und im dritten
war das Bäumchen so groß, dass die Hasen darum
herumlaufen mussten. „Nur wachsen, wachsen,
groß und alt werden! Das ist doch das einzig
Schöne auf der Welt!", dachte der Tännling bei
sich. Im Spätherbst kamen Holzhauer in den Wald
und fällten die größten Bäume wie in jedem Jahr.
Ihre Äste wurden abgehauen, nackt, lang und
schmal wurden sie auf ein Fuhrwerk gehoben und
in die Welt hinausgeführt. Als mit dem Frühling
Storch und Schwalbe wiederkehrten, fragte der

218

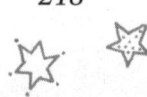

Tannenbaum: „Wisst ihr, wohin die großen Stämme geführt werden?"

Der Storch nickte mit dem Kopf und sagte: „Viele neue Schiffe sind mir begegnet, als ich in Ägypten war, auf den Schiffen waren gewaltige Mastbäume, und ich vermute, das waren die Tannen aus diesem Wald."

„Ach, wäre ich doch auch schon so groß, um über das Meer fahren zu können!"

„Freu dich deiner Jugend!", sagten die Sonnenstrahlen, „freue dich deines fröhlichen Wachstums und des frischen Lebens in dir!"

Um die Weihnachtszeit wurden ganz junge Bäume gefällt. „Wohin sollen sie?", fragte der Tannenbaum. „Sie sind nicht größer als ich."

„Wir wissen es", piepsten die Spatzen, „sie werden mitten in der Stube aufgepflanzt und mit den herrlichsten Sachen, vergoldeten Äpfeln, Honigkuchen, Spielzeug und vielen bunten Lichtern geziert."

„Ob es wohl auch mir beschieden ist, diesen strahlenden Weg zu gehen?", fragte der Tannenbaum. „Das ist doch viel schöner, als über das fremde Meer zu fahren."

„Freue dich unser", raunten die Luft und der Sonnenschein, „freue dich deiner frischen Jugend und deiner Freiheit." Aber der Tannenbaum freute sich gar nicht. Er wuchs und wuchs. Wieder kam Weihnachten, und er wurde als Erster gefällt. Ein großer Schmerz durchfuhr ihn, sodass er in Ohnmacht fiel. Er kam erst wieder zu sich, als er in einem Hof mit den anderen Bäumen abgeladen wurde und einen Mann sagen hörte: „Der ist prächtig! Den nehmen wir!" Zwei Diener kamen und trugen den Tannenbaum in einen großen herrlichen Saal. An den Wänden hingen prachtvolle Bilder, und neben dem großen Kachelofen standen kostbare chinesische Vasen mit Löwen auf den Deckeln. Da waren Schaukelstühle, seidene Ruhebetten, lange Tische mit Bilderbüchern. Der Tannenbaum wurde in ein mit Sand gefülltes Fass gestellt. Diener und Fräulein gingen umher und schmückten ihn mit kleinen Netzen aus buntem Papier, jedes gefüllt mit Zuckerwerk; vergoldete Nüsse und Äpfel hingen herab, und über hundert blaue, rote und weiße Kerzen wurden auf die Zweige gesteckt. Kleine Puppen schwebten im Grünen, und hoch oben auf der Spitze glänzte ein Stern aus Flittergold. Es war ganz unvergleichlich prächtig!

Oh, dachte der Baum, wäre es doch schon Abend, und was dann wohl geschehen würde! Am

Abend wurden die Lichter angezündet. Oh, welcher Glanz! Welche Pracht! Plötzlich öffneten sich die großen Flügeltüren weit, und viele Kinder stürzten herein, die Kleinen standen ganz stumm, aber nur einen Augenblick, dann jubelten und schrien sie, dass es nur so schallte. Sie tanzten um den Baum herum und nahmen ein Geschenk nach dem anderen von den Zweigen.

Was machen sie, dachte der Baum, was soll das? Und die Lichter brannten herunter bis auf die Zweige und wurden dann ausgelöscht. Und die Kinder durften den Baum plündern, dass es in allen Zweigen knackte. Niemand sah mehr auf den Baum. „Eine Geschichte, bitte eine Geschichte!", riefen die Kinder und zerrten einen kleinen Mann zum Baum, und er setzte sich unter die Zweige. „Denn so sitzen wir im Grünen", sagte er, „wollt ihr die von Ivede-Avede oder die von Klumpe-Dumpe hören?"

„Ivede-Avede!", schrien die einen, „Klumpe-Dumpe!" verlangten die andern. Und der Mann erzählte von Klumpe-Dumpe, der die Treppe hinunterfiel und doch erhöht wurde und die Prinzessin erhielt. Der Tannenbaum stand ganz still und in tiefe Gedanken versunken. Niemals hatten die Waldvögel solche Geschichten gewusst. Klumpe-

Dumpe fiel die Treppe hinunter und bekam doch die Prinzessin zur Frau. Ja, ja, so geht es auf dieser Welt zu. Und er freute sich schon, am nächsten Morgen wieder mit Lichtern und Spielzeug geputzt zu werden. Am Morgen kamen der Knecht und die Magd herein. Doch sie schleppten ihn aus dem Saal hinaus auf den Boden. Dort stellten sie ihn in einen dunklen Winkel. Was soll das bedeuten, grübelte der Baum, was soll ich hier machen? Jetzt ist draußen Winter, deshalb können mich die Menschen nicht einpflanzen, darum soll ich wohl bis zum Frühjahr hier in sicherer Obhut stehen.

„Piep, piep", machte da eine kleine Maus und huschte hervor. Hinter ihr kam noch eine zweite. „Woher kommst du?", fragten die Mäuse. „Und was weißt du?" Sie waren schrecklich neugierig. „Erzähl uns doch von den schönsten Orten der Erde. Bist du dort gewesen? Bist du in der Speisekammer gewesen, wo der Käse auf den Brettern liegt und die Schinken unter der Decke hängen?"

„Nein, den Ort kenne ich nicht", antwortete der Tannenbaum, „aber ich kenne den Wald, wo die Sonne scheint und die Vögel singen." Er erzählte nun alles aus seiner Kindheit.

„Wie viel du gesehen hast, wie glücklich du gewesen bist!", sagten die kleinen Mäuse.

222

Dann berichtete er vom Weihnachtsabend, als er mit Kuchen und Lichtern geschmückt worden war. „Wie schön du erzählst!", sagten die Mäuschen, und am nächsten Abend kamen sie mit vier anderen Mäuschen, damit auch sie den Baum erzählen hören sollten. Und am Sonntag erschienen sogar zwei Ratten; diese aber sagten, die Geschichte sei gar nicht hübsch, und das betrübte die Mäuschen, denn nun hielten sie auch weniger davon.

„Das ist ja eine höchst jämmerliche Geschichte", sagten die Ratten. „Kennst du keine von Talglicht und Speck? Keine Speisekammergeschichte?"

„Nein", sagte der Baum.

„Dann danken wir dafür!", erwiderten die Ratten und gingen heim zu ihren Familien. Zuletzt blieben auch die Mäuse fort. Da wurde der Baum sehr traurig.

Und eines Tages kamen Leute auf den Speicher, und ein Diener trug den alten Tannenbaum auf den Hof. „Nun werde ich leben", jubelte der Baum und breitete seine Zweige aus. Aber die waren alle vertrocknet und gelb. Nur der Stern aus Goldpapier saß noch oben an der Spitze und glänzte im hellen Sonnenschein. Die Kinder, die am Weihnachtsabend den Baum umtanzt hatten, kamen herbei und riefen: „Seht, was da noch an dem hässlichen alten Tannenbaum sitzt!" Und sie traten auf die Zweige, dass es krachte und knickte.

Und der Baum sah auf all die Blumenpracht und die leuchtende Schönheit im Garten. „Vorbei, vorbei!", seufzte er. „Hätte ich mich doch gefreut, als ich es noch konnte! Vorbei! Vorbei!"

Der Hausknecht kam und hieb den Baum in kleine Stücke. Ein ganzes Bündel lag da und flackerte hell auf unter dem großen Braukessel. Das Holz knisterte, und es schien, als seufze der Baum, und er dachte noch mal an einen Sommertag im Wald oder an eine Winternacht da draußen, wenn die Sterne funkelten. Er dachte an den Weihnachtsabend und an Klumpe-Dumpe, das einzige Märchen, das er gehört hatte und zu erzählen verstand. Und dann war der Tannenbaum verbrannt.

Die Knaben spielten im Garten, und der kleinste trug den Goldstern, der den Baum an seinem glücklichsten Abend geschmückt hatte, auf seiner Brust. Nun war die Weihnachtszeit vorbei, und mit dem Tannenbaum war es vorbei und mit der Geschichte auch; vorbei, vorbei, und so geht es mit allen Geschichten!

Kapitel 23

Der Weihnachtsbaum

Strahlend, wie ein schöner Traum,
steht vor uns der Weihnachtsbaum.
Seht nur, wie sich goldenes Licht
auf den zarten Kugeln bricht.
„Frohe Weihnacht" klingt es leise,
und ein Stern geht auf die Reise.
Leuchtet hell vom Himmelszelt
hinunter auf die ganze Welt.

Wenn Weihnachten ist

Wenn Weihnachten ist, wenn Weihnachten ist,
bescheret uns der liebe heilige Christ.
Und da kriegen wir 'ne Muh, und da kriegen wir
  'ne Mäh,
und da kriegen wir die allerschönste Täterätätä!

Wenn Weihnachten ist, wenn Weihnachten ist,
bescheret uns der liebe heilige Christ.
Und wir kriegen 'ne Brumbrum und kriegen 'ne
  Bumbum,
und wir kriegen noch die allerschönste
  Dideldideldum.

Wenn Weihnachten ist, wenn Weihnachten ist,
bescheret uns der liebe heilige Christ.
Und wir kriegen 'ne Hottehüh und wir kriegen
    Kikriki,
und wir kriegen noch die allerschönste
    Düdelüdelüh.

Wenn Weihnachten ist, wenn Weihnachten ist,
bescheret uns der liebe heilige Christ.
Und da kriegen wir ein Ei, wenn wir artig war'n
    auch zwei,
und wir kriegen noch die allerschönste
    Didelidelei.

Weihnachten in Polen

Die katholischen Polen sind sehr gläubig. Für sie hat Weihnachten eine große Bedeutung, und Weihnachten ist das wichtigste Fest des Jahres. Die Menschen freuen sich schon den ganzen Advent auf die Festtage. In diesen Wochen wird viel gebastelt und Zeit mit der Familie verbracht. Adventssänger ziehen von Haus zu Haus und erhoffen sich für ihre Darbietungen kleine Geschenke.

Der Heilige Abend, der „Wigilia" genannt wird, ist der Höhepunkt des Festes. Da man in Polen glaubt, dass der Verlauf dieses Abends für den Verlauf des gesamten kommenden Jahres entscheidend ist, legt man besonders viel Wert auf Tradition und ein harmonisches Miteinander der Familie.

Früh morgens schmückt meist die ganze Familie gemeinsam den Weihnachtsbaum. Dann wird der Tisch gedeckt. Dabei gibt es in Polen zwei Besonderheiten. Zum einen wird unter jeden Teller ein Geldstück gelegt. Dies soll bewirken, dass die Familie im kommenden Jahr keine Not zu leiden hat. Zum anderen wird auch immer ein Gedeck mehr hingelegt für den Fall, dass ein

228

Bedürftiger an die Tür klopft. Auch dies soll Glück im nächsten Jahr bringen.

Tagsüber wird möglichst wenig gegessen. Vor dem Essen teilen die Familienmitglieder unter sich eine geweihte Oblate – als Zeichen der Liebe und des Friedens. Damit auch weggezogene Familienmitglieder oder Freunde an dem Ritual teilnehmen können, werden die Oblaten in der Vorweihnachtszeit in die ganze Welt verschickt.

Das Festessen selbst ist fast immer fleischlos. Klassischerweise gibt es in Polen unter anderem den Weihnachtskarpfen mit Sauerkraut und Kartoffeln, aber das ist nur ein Gericht unter vielen. Traditionell gibt es genau zwölf verschiedene Gerichte. Die Zahl leitet sich ab von den zwölf Aposteln, mit denen Jesus sein Abendmahl teilte, und auch von der Anzahl der Monate, die ein Jahr hat. Heutzutage nimmt man es damit nicht mehr so genau – doch noch immer sollen viele Gerichte auf dem Tisch stehen. Die Fischschuppen des Karpfens werden übrigens getrocknet und dann ins Portemonnaie gesteckt, damit im kommenden Jahr das Geld niemals ausgeht.

Nach dem oft stundenlangen Essen werden die Geschenke ausgepackt. Dann geht es gemeinsam zur festlichen Mitternachtsmesse.

Hermann Löns

Der allererste Weihnachtsbaum

Der Weihnachtsmann ging durch den Wald. Er war ärgerlich. Sein weißer Spitz, der sonst immer lustig bellend vor ihm herlief, merkte das und schlich hinter seinem Herrn mit eingezogener Rute her.

Er hatte nämlich nicht mehr die rechte Freude an seiner Tätigkeit. Es war alle Jahre dasselbe. Es war kein Schwung in der Sache, Spielzeug und Esswaren, das war auf die Dauer nichts. Die Kinder freuten sich wohl darüber, aber quieken sollten sie und jubeln und singen, so wollte er es, das taten sie aber nur selten.

Den ganzen Dezembermonat hatte der Weihnachtmann schon darüber nachgegrübelt, was er wohl Neues erfinden könne, um einmal wieder eine rechte Weihnachtsfreude in die Kinderwelt zu bringen, eine Weihnachtsfreude, an der auch die Großen teilnehmen würden. Kostbarkeiten durften es auch nicht sein, denn er hatte soundso viel auszugeben und mehr nicht. So stapfte er denn auch durch den verschneiten Wald, bis er auf dem Kreuzwege war, dort wollte er das Christkindchen treffen. Mit dem beriet er sich nämlich immer über die Verteilung der Gaben.

Schon von Weitem sah er, dass das Christkindchen da war, denn ein heller Schein war dort. Das Christkindchen hatte ein langes weißes Pelzkleidchen an und lachte über das ganze Gesicht. Denn um es herum lagen große Bündel Kleeheu und Bohnenstiegen und Espen- und Weidenzweige, und daran taten sich die hungrigen Hirsche und Rehe und Hasen gütlich. Sogar für die Sauen gab es etwas, Kastanien, Eicheln und Rüben.

Der Weihnachtsmann nahm seinen Wolkenschieber ab und bot dem Christkindchen die Tageszeit. „Na Alterchen, wie geht's?", fragte das Christkind, „hast wohl schlechte Laune?" Damit hakte es den Alten unter und ging mit ihm. Hinter ihnen trabte der kleine Spitz, aber er sah gar nicht mehr betrübt aus und hielt seinen Schwanz kühn in die Luft.

„Ja", sagte der Weihnachtsmann, „die ganze Sache macht mir so recht keinen Spaß mehr. Liegt es am Alter oder an sonst was, ich weiß nicht, ich hab kein Fiduz mehr dazu. Das mit den Pfefferkuchen und den Äpfeln und Nüssen das ist nichts mehr. Das essen sie auf und dann ist das Fest vorbei. Man müsste etwas Neues erfinden, etwas, das nicht zum Essen und nicht zum Spielen ist, aber wobei Alt und Jung singt und lacht und fröhlich wird."

Das Christkindchen nickte und machte ein nachdenkliches Gesicht; dann sagte es: „Da hast du recht, Alter, mir ist das auch schon aufgefallen. Ich habe daran auch schon gedacht, aber das ist nicht so leicht."

„Das ist es ja gerade", knurrte der Weihnachtsmann, „ich bin zu alt und zu dumm dazu. Ich habe schon richtiges Kopfweh von all dem Nachdenken, und es fällt mir doch nichts Vernünftiges ein. Wenn es so weitergeht, schläft allmählich die ganze Sache ein, und es wird ein Fest wie alle anderen, von dem die Menschen dann weiter nichts haben als Faulenzen, Essen und Trinken."

Nachdenklich gingen beide durch den weißen Winterwald, der Weihnachtsmann mit brummigem, das Christkindchen mit nachdenklichem Gesichte. Es war so still im Walde, kein Zweig rührte sich, nur wenn die Eule sich auf einen Ast setzte, fiel ein Stück Schneebehang mit halblautem Ton herab. So kamen die beiden, den Spitz hinter sich, aus dem hohen Holze auf einen alten Kahlschlag, auf dem große und kleine Tannen standen. Das sah nun wunderschön aus. Der

232

Mond schien hell und klar, alle Sterne leuchteten, der Schnee sah aus wie Silber, und die Tannen standen darin, schwarz und weiß, dass es eine Pracht war.

Eine fünf Fuß hohe Tanne, die allein im Vordergrunde stand, sah besonders reizend aus. Sie war regelmäßig gewachsen, hatte auf jedem Zweig einen Schneestreifen, an den Zweigspitzen kleine Eiszapfen, und glitzerte und flimmerte nur so im Mondenschein.

Das Christkindchen ließ den Arm des Weihnachtsmanns los, stieß den Alten an, zeigte auf die Tanne und sagte: „Ist das nicht wunderhübsch?"

„Ja", sagte der Alte, „aber was hilft mir das?"

„Gib ein paar Äpfel her", sagte das Christkindchen, „ich habe einen Gedanken."

Der Weihnachtsmann machte ein dummes Gesicht, denn er konnte es sich nicht recht vorstellen, dass das Christkind bei der Kälte Appetit auf die eiskalten Äpfel hatte. Er hatte zwar noch einen guten alten Schnaps, aber den mochte er dem Christkindchen nicht anbieten.

Er macht sein Tragband ab, stellte seine riesige Kiepe in den Schnee, kramte darin herum und langte ein paar recht schöne Äpfel heraus. Dann fasste er in die Tasche, holte sein Messer heraus, wetzte es an einem Buchenstamm und reichte es dem Christkindchen.

„Sieh, wie schlau du bist", sagte das Christkindchen. „Nun schneid mal etwas Bindfaden in zweifingerlange Stücke und mach mir kleine spitze Pflöckchen."

Dem Alten kam das alles etwas ulkig vor, aber er sagte nichts und tat, was das Christkind ihm sagte.

Als er die Bindfadenenden und die Pflöckchen fertig hatte, nahm das Christkind einen Apfel, steckte ein Pflöckchen hinein, band den Faden daran und hängte den an einen Ast.

„So", sagte es dann, „nun müssen auch an die anderen welche, und dabei kannst du helfen, aber vorsichtig, dass kein Schnee abfällt!"

Der Alte half, obgleich er nicht wusste, warum. Aber es machte ihm schließlich Spaß, und als die ganze kleine Tanne voll von rotbäckigen Äpfeln hing, da trat er fünf Schritte zurück, lachte und sagte: „Kiek, wie niedlich das aussieht! Aber was hat das alles für'n Zweck?"

„Braucht denn alles gleich einen Zweck zu haben?", lachte das Christkind. „Pass auf, das wird noch schöner. Nun gib mal Nüsse her!"

234

Der Alte krabbelte aus seiner Kiepe Walnüsse heraus und gab sie dem Christkindchen. Das steckte in jedes ein Hölzchen, machte einen Faden daran, rieb immer eine Nuss an der goldenen Oberseite seiner Flügel, und dann war die Nuss golden, und die nächste an der silbernen Unterseite seiner Flügel, und dann hatte es eine silberne Nuss, und hängte die zwischen die Äpfel.

„Was sagst nun, Alterchen?", fragte es dann, „ist das nicht allerliebst?"

„Ja", sagte der, „aber ich weiß immer noch nicht –"

„Kommt schon!", lachte das Christkindchen. „Hast du Lichter?"

„Lichter nicht", meinte der Weihnachtsmann, „aber 'n Wachsstock!"

„Das ist fein", sagte das Christkind, nahm den Wachsstock, zerschnitt ihn und drehte erst ein Stück um den Mitteltrieb des Bäumchens und die anderen Stücke um die Zweigenden, bog sie hübsch gerade und sagte dann: „Feuerzeug hast du doch?"

„Gewiss", sagte der Alte, holte Stein, Stahl und Schwammdose heraus, pinkte Feuer aus dem Stein, ließ den Zunder in der Schwammdose zum Glimmen kommen und steckte daran ein paar

Schwefelspäne an. Die gab er dem Christkindchen. Das nahm einen hell brennenden Schwefelspan und steckte damit erst das oberste Licht an, dann das nächste davon rechts, dann das gegenüberliegende, und rund um das Bäumchen gehend, brachte es so ein Licht nach dem andern zum Brennen.

Da stand nun das Bäumchen im Schnee; aus seinem halbverschneiten dunklen Gezweig sahen die roten Backen der Äpfel, die Gold- und Silbernüsse blitzten und funkelten, und die gelben Wachskerzen brannten feierlich. Das Christkindchen lachte über das ganze rosige Gesicht und patschte in die Hände, der alte Weihnachtsmann sah gar nicht mehr so brummig aus, und der kleine weiße Spitz sprang hin und her und bellte.

Als die Lichter ein wenig heruntergebrannt waren, wehte das Christkindchen mit seinen goldsilbernen Flügeln, und da gingen die Lichter aus. Es sagte dem Weihnachtsmann, er solle das Bäumchen vorsichtig absägen. Das tat der, und dann gingen beide den Berg hinab und nahmen das bunte Bäumchen mit.

Als sie in den Ort kamen, schlief schon alles. Beim kleinsten Hause machten die beiden halt. Das Christkind machte leise die Tür auf und trat ein; der Weihnachtsmann ging hinterher. In der

Stube stand ein dreibeiniger Schemel mit einer durchlochten Platte, den stellten sie auf den Tisch und steckten den Baum hinein. Der Weihnachtsmann legte dann noch allerlei schöne Dinge, Spielzeug, Kuchen, Äpfel und Nüsse unter den Baum, und dann verließen beide das Haus ebenso leise, wie sie es betreten hatten.

Als der Mann, dem das Häuschen gehörte, am andern Morgen erwachte und den bunten Baum sah, da staunte er und wusste nicht, was er dazu sagen sollte. Als er aber an dem Türpfosten, den des Christkinds Flügel gestreift hatte, Gold- und Silberflimmer hängen sah, da wusste er Bescheid. Er steckte die Lichter an dem Bäumchen an und weckte Frau und Kinder.

Das war eine Freude in dem kleinen Hause, wie an keinem Weihnachtstage. Keines von den Kindern sah nach dem Spielzeug und nach dem Kuchen und den Äpfeln, sie sahen nur alle nach dem Lichterbaum. Sie fassten sich an die Hände, tanzten um den Baum und sangen alle Weihnachtslieder, die sie wussten, und selbst das Kleinste, das noch auf dem Arme getragen wurde, krähte, was es krähen konnte. Vor dem Fenster aber standen das Christkindchen und der Weihnachtsmann und sahen lächelnd zu.

237

Als es helllichter Tag geworden war, da kamen
die Freunde und Verwandten des Bergmanns,
sahen sich das Bäumchen an, freuten sich darüber
und gingen gleich in den Wald, um sich für ihre
Kinder auch ein Weihnachtsbäumchen zu holen.
Die anderen Leute, die das sahen, machten es
nach, jeder holte sich einen Tannenbaum und
putzte ihn an, der eine so, der andere so, aber
Lichter, Äpfel und Nüsse hängten sie alle daran.

Als es dann Abend wurde, brannte im ganzen
Dorfe Haus bei Haus ein Weihnachtsbaum, überall hörte man Weihnachtslieder und das Jubeln
und Lachen der Kinder.

Von da aus ist der Weihnachtsbaum über ganz
Deutschland gewandert und von da über die
ganze Erde. Weil aber der erste Weihnachtsbaum
am Morgen brannte, so wird in manchen Gegen-
den den Kindern morgens beschert.

Kapitel 24

Ich hör ein Glöckchen klingen,
so lieblich und so fein,
was wird das Christkind bringen,
uns Kindern groß und klein?

Das Weihnachtsbäumlein

Es war einmal ein Tännelein,
mit braunen Kuchenherzlein
und Glitzergold und Äpflein fein
und vielen bunten Kerzlein:
Das war am Weihnachtsfest so grün,
als fing es eben an zu blühn.

Doch nach nicht gar zu langer Zeit,
da stand's im Garten unten,
und seine ganze Herrlichkeit
war, ach, dahingeschwunden.
Die grünen Nadeln war'n verdorrt,
die Herzlein und die Kerzlein fort.

Bis eines Tags der Gärnter kam,
den fror zu Haus im Dunkeln,
und es in seinen Ofen nahm –
hei! tat's da sprühn und funkeln!
Und flammte heim- und himmelwärts
in hundert Flämmlein an Gottes Herz.

Christian Morgenstern

240

Morgen, Kinder, wird's was geben

Morgen, Kinder, wird's was geben,
morgen werden wir uns freun!
Welch ein Jubel, welch ein Leben
wird in unserm Hause sein!
Einmal werden wir noch wach,
heißa, dann ist Weihnachtstag!

Wie wird dann die Stube glänzen
von der großen Lichterzahl!
Schöner als bei frohen Tänzen
ein geputzter Kronensaal.
Wisst ihr noch, wie vor'ges Jahr
es am Heil'gen Abend war?

Welch ein schöner Tag ist morgen!
Neue Freuden hoffen wir,
unsre guten Eltern sorgen
lange, lange schon dafür.
O gewiss, wer sie nicht ehrt,
ist der ganzen Lust nicht wert.

Das Wichteln

Woher hat das Wichteln eigentlich seinen Namen? Es leitet sich ab von den guten Hausgeistern, die vor allem in nordischen Sagen auftauchen. Sie heißen Wichtel oder auch Wichtelmännchen, und sie tun Gutes, helfen den Menschen im Haushalt und verteilen sogar ab und an Geschenke. Sie bleiben dabei aber immer im Verborgenen. Ähnlich verhält es sich auch beim Wichteln, das unter Arbeitskollegen, in Vereinen oder unter Freunden immer beliebter wird: Der Beschenkte erfährt nicht, von wem das Geschenk stammt. Beim Wichteln geht es nicht darum, teure Geschenke zu machen, die Hauptsache ist, dass das Geschenk originell ist und Freude bereitet. Mittlerweile gibt es sehr viele verschiedene Wichtel-Varianten. Am weitesten verbreitet sind folgende drei:

Das einfachste Wichteln

Die Wichtelgruppe legt fest, wie viel das Geschenk maximal kosten darf. Oft wird auch ein Motto bestimmt, unter dem die Geschenke ausgewählt werden sollen, zum Beispiel „Schrottwichteln" oder „Horrorwichteln". Dann besorgen alle Teilnehmer ein lustiges Geschenk, und am Tag der Wichtelfeier zieht jeder aus einem Sack, in dem alle Geschenke sind, ein Päckchen heraus. Nachdem alle Geschenke verteilt sind, kann nach Herzenslust getauscht werden.

Das zugeordnete Wichteln

Alle Teilnehmer der Wichtelgruppe schreiben ihren Namen auf ein Stück Papier und falten oder rollen dieses zusammen. Im Anschluss zieht jeder einen Namen, wobei natürlich niemand seinen eigenen Namen ziehen sollte. Wenn das geschieht, muss das Los wieder zurückgegeben und danach erneut gezogen werden. Auf diese Weise hat jeder eine Person zugeteilt bekommen, für die er sich ein besonders originelles Geschenk überlegen kann. An der Wichtelfeier werden die Päckchen anonym abgegeben. Danach kann jeder sein Päckchen abholen. Schließlich wird wild geraten, von wem das Geschenk wohl stammen könnte.

Das schönste Wichteln

Wie bei der zweiten Variante wird zu Beginn ein Los gezogen, auf dem der Name des Beschenkten steht. Doch bei diesem Wichteln geht es nicht nur darum, dass am Ende jeder ein lustiges Geschenk erhält, sondern auch darum, während der gesamten Zeit bis zur Wichtelfeier seiner ihm zugeordneten Person Gutes zu tun – unerkannt, versteht sich.

Martin Luther

Die Weihnachtsgeschichte nach Lukas

Es begab sich aber zu der Zeit, dass ein Gebot von dem Kaiser Augustus ausging, dass alle Welt geschätzt würde. Und diese Schätzung war die allererste und geschah zur Zeit, da Quirinius Statthalter in Syrien war. Und jedermann ging, dass er sich schätzen ließe, ein jeder in seine Stadt. Da machte sich auf auch Josef aus Galiläa, aus der Stadt Nazareth, in das jüdische Land zur Stadt Davids, die da heißt Bethlehem, weil er aus dem Hause und Geschlechte Davids war, damit er sich schätzen ließe mit Maria, seinem vertrauten Weibe; die war schwanger. Und als sie dort waren, kam die Zeit, dass sie gebären sollte. Und sie gebar ihren ersten Sohn und wickelte ihn in Windeln und legte ihn in eine Krippe; denn sie hatten sonst keinen Raum in der Herberge.

Und es waren Hirten in derselben Gegend auf dem Felde bei den Hürden, die hüteten des Nachts ihre Herde. Und der Engel des Herrn trat zu ihnen, und die Klarheit des Herrn leuchtete um sie; und sie fürchteten sich sehr. Und der Engel sprach zu ihnen: Fürchtet euch nicht! Siehe,

245

ich verkündige euch große Freude, die allem Volk widerfahren wird; denn euch ist heute der Heiland geboren, welcher ist Christus, der Herr, in der Stadt Davids. Und das habt zum Zeichen: ihr werdet finden das Kind in Windeln gewickelt und in einer Krippe liegen. Und alsbald war da bei dem Engel die Menge der himmlischen Heerscharen, die lobten Gott und sprachen: Ehre sei Gott in der Höhe und Friede auf Erden bei den Menschen seines Wohlgefallens.

Und als die Engel von ihnen gen Himmel fuhren, sprachen die Hirten untereinander: Lasst uns nun gehen nach Bethlehem und die Geschichte sehen, die da geschehen ist, die uns der Herr kundgetan hat. Und sie kamen eilend und fanden beide, Maria und Josef, dazu das Kind in der Krippe liegen. Als sie es aber gesehen hatten, breiteten sie das Wort aus, das zu ihnen von diesem Kinde gesagt war. Und alle, vor die es kam, wunderten sich über das, was ihnen die Hirten gesagt hatten. Maria aber behielt alle diese Worte und bewegte sie in ihrem Herzen. Und die Hirten kehrten wieder um, priesen und lobten Gott für alles, was sie gehört und gesehen hatten, wie denn zu ihnen gesagt war.

Verzeichnis der Texte

Gedichte

Lieder

Wissenswertes rund um die Adventszeit und Weihnachten

Geschichten

Bastelideen

251

Morgen, Kinder, wird's was geben

Fröhliche Weihnacht überall!

Von drauß', vom Walde komm ich her ..., Leise rieselt der Schnee ..., Lasst uns froh und munter sein ... Wir alle kennen sie, die wunderschönen, traditionellen Geschichten, Gedichte und Lieder zur Advents- und Weihnachtszeit. Doch wer kann sie wirklich von der ersten bis zur letzten Zeile aufsagen und singen? In diesem Buch sind bekannte und wunderbare Texte versammelt, die Kinder und ihre Eltern durch die schönste Zeit des Jahres begleiten. Zudem laden Geschichten die ganze Familie zum Vorlesen ein - bei Tannenduft und Kerzenschein!

Morgen, Kinder, wird's was geben
256 Seiten, gebunden
€ 5,00 [D]

ISBN 978-3-505-12939-1

www.schneiderbuch.de

EGMONT
Verlagsgesellschaften

Schneider Buch